他人をバカにしたがる男たち

河合 薫

プロローグ 「ジジイ」化する男女

日本企業は、今、デキる人材を求めています。

優秀な人材を確保し、競合他社に競り勝ちたい。社員のモチベーションを高め、イノベーションを起こしたい。

そういうときだからこそ、あえて言います。

「ジジイの壁」がある限り、その願いは叶わないと。


なぜ、優秀なミドルほど、転職してしまうのか？

なぜ、これだけ女性活用といいながら、いまだ日本の男女格差は世界最低レベルなのか？

なぜ、いっこうに非正規社員の賃金は上がらないのか？

答えはひとつ。「ジジイの壁」は不滅だからです。

「おい！　ジジイなんて言うな！　失敬なヤツだな！」

そう不機嫌になっている男性もいるかもしれません。

でも、あまり怒らないでください。だって、そう口を尖らせている方も、ジジイたちの被害者、ジジイのせいで〝飛ばされている〟かもしれないのです。


そもそも、ここでいう「ジジイ」とは、ジジイ的なるものの象徴です。年齢的なものを指しているわけでも、男性だけを指しているわけでも、男性のことを批判しているわけでもありません。

50代でもジジイじゃない男性はいるし、女性や若い人の中にもジジイはいます。

つまり、「ジジイ」とは「自分の保身のため」だけを考えている人。組織内で権力を持ち、その権力を組織のためではなく「自分のため」に使う人です。「会社のため」「キミのため」というウソを「自分のため」につき、自己の正当化に長けている人物です。

そんなジジイたちも、きっと昔は部下から慕われる上司だったにちがいありません。

仕事に一所懸命で、それなりの結果も出してきました。同期の中でも一目置かれる存在で、今だったらコンプライアンスに引っかかりかねない、武勇伝を持つ頼もしい人だったのです。

ところが、いつからか変わってしまった。上ばかり見て、「会社にしがみつく」輩(やから)に成り下がりました。……がっかりです。

「ああはなりたくない」と、思うわけです。

「ジジイ」は女性の中にもいる

40歳を過ぎ人生を再構築する分岐点になると、「こうなりたい!」という気持ちよりも、「ああはなりたくない」とアンチロールモデルばかりが頭に浮かびます。

〝アンチロールモデルの脅威〟とでもいうのでしょうか。

「ごますって出世していく先輩、あんな〝ごますり男〟になりたくない!」

「いい給料もらって、口だけ動かして、ちっとも働かない、〝使えないおじさん〟になりたくない!」

と、こんな感じです。

アンチロールモデルは「男性」とは限りません。

「いい年して、年下の男性に甘えた声ですりよるオバさんになりたくない！」

「上司の男性のちょっとばかり曲がったネクタイを、まるで奥さんのように直すオバさんになりたくない！」

「気分次第で、部下たちを怒鳴りちらすオバさんになりたくない！」

同じ女性として嫌悪感を抱いた、先輩女性たちの言動の数々が、まるでテレビのスイッチが押されたように「脳内テレビ」に映し出される。

どれもこれも、「ジジイ」。そうです。ジジイは職場のあちこちにいるのです。

「組織がわかっていない」を切り札にする人々

ジジイは、部下たちの前では絶対に下げない頭を、トップの前では、米つきバッタのように下げ続ける。

いつもはどんなに部下が急かしても走ることなどないのに、トップが乗るエレベーターを止めるためには見たこともないような猛ダッシュを見せる。そのタイミングとスムーズさといったら絶妙、です。

ところが、たまには「おお！」と部下を喜ばしたりもするわけです。

「オレがお前らのことを守る！　好きにやっていいぞ！」と。

そこで部下は「じゃ、やらせていただきます！」と意気揚々と取り組むのですが、「自由に好きにやれ」と言ったクセに、パンツの裾を踏んづける。新しいことはひとつもやりたがらないし、二言目には「それやって責任とれるわけ？」と責めたて、トラブルが発生すると、あれよあれよという間にとんずらする。

挙げ句の果てに、

「アイツは組織というものがわかっていない」

「今までもやってきたことなんだから、文句言わずにやればいいんだよ」

と、組織を守るふりをしてデキる社員を罵倒するのです。

いや。罵倒とは言い過ぎました。そこまで強くはありません。

見下す……、これも違います。バカにする……。そうです。ジジイは人をバカにするのです。

肩書き、属性、学歴でしか判断しない人々

ジジイがバカにするのは「部下」だけではありません。

あらゆる場面で、人をバカにします。

例えばこんなふうにです。

「へ～、健康社会学者？　ふ～ん。専門は健康ってことか？」

「ここでいう健康とは、単に肉体的なことを言ってるわけじゃなく、社会的にも、精神的にも健康で……。その人がハッピーに生きていくには、どうしたらいいのかってことを研究する学問です」

「で、健康以外に専門は？」

「健康以外とは……？　一応、社会学なので、社会問題は全般に網羅しているつもりですし、特に働き方については……」

「あのね、毎日、ニュースはちゃんと観たほうがいいね。なるべくひとつの番組を観続けて、流れをちゃんとつかんだほうがいいな」

「は、はい」

「外交とか、国会とかさ。番組での扱い方とか観といたほうがいいな……あっ、（突然、手をあげ）いやぁ～～こないだはどうも～～～、どうもすみませんでしたね～～」

なんと、まだ会話の途中なのに、知人を見つけてとっとと去っていってしまうのです。

実はコレ。私があるテレビ番組のコメンテーターに呼んでいただいたときに、その番組の〝偉い人〟に言われたこと。

「（ジジイ!!）」――。心の中でそっと呟いたことは、言うまでもありません。

当時、私はいくつかの番組に呼んでいただいたり、電話でコメントを求められたりするようになっていました。

私が長年、書き綴った「上司部下関係」「働き方」「生き方」「介護問題」などのコラムを読んでいる方たちが、「あのときのお話を……」とか、「いつもの感じでズバッと好きにやってください！」と、呼んでくれたのです。

大抵、声をかけてくれるのは〝現場のスタッフ〟です。彼らは、私が「健康社会学者」だったから呼んだわけでも、「女」だったから呼んだわけでも、ましてや「元・お天気おネーサン」だったから出演依頼したわけじゃない。

これまでの私がやってきたこと、今の私がやっていることを評価してくれた人たちでした。ニュースで話題になっていることを、専門に落とし意見している私を認めてくれた人たちでした。

これってめちゃくちゃ、うれしい。だって、肩書きや属性ではなく、「河合薫」個人を評価してくれたのです。

ところが、先の〝偉い方〟は、肩書きや属性で私のことを見ていました。私が「ナニをやっているのか?」は関係ないのです。興味すらない。あとから聞いたのですが、「元・お天気おネーサンだろ?」と、私を番組に呼んだことをスタッフが告げたとき言っていたそうです。

まぁ、私がもっと確固たるポジションを獲得できるくらい力量を上げればいいことで、「力不足」でしかないのですが……。

でも、やっぱり悔しいのです。似たようなことは今までにも何度かありましたし、逆に「東大大学院卒」と知った途端に、手のひらを返すような対応をとる人もいました。

もし、私が「有名大学の教授」「有名企業のCEO」だったら、〝偉い方〟はああいった態度はとらなかったと思うのです。「男」だったら、あそこまでストレートな物言いはなかったと思います。

つまり、ジジイは肩書きや属性で人を見る。自分より上なのか？　下なのか？　で判断する。

「自分の知っていることがすべて」と信じ込んでいるので、どこの馬の骨（ジジイにとって）かわからない人をバカにする。相手への敬意もへったくれもないのです。

コンビニやタクシーの中で暴君になる人々

コンビニでアルバイトをしている学生が、おもしろいことを教えてくれました。

いわゆる〝エリート〟のクレームは、何が問題なのかわからないのが多いのだ、と。

オバさんや若い人、あるいはガテン系の人は「これこれこうなっています」と説明すれば、納得してくれるけど、中高年の人はイライラをぶつけてくるだけだと嘆いていました。

●レシートを渡したら、「いらねーよ」とねじりつぶす
●お札を投げつける
●「茶髪でおでん触るな」と怒られた
●「温めますか?」と聞いたら「いい」というのでそのまま渡したら、「なんで冷たいんだよ」と言われた
●前の人がレジでまごついて時間がかかると、「おっせーよ〜」と言わんばかりに「チッ」と舌打ちされた
●外国人の店員さんを、ものすごい恐い声で「ハシ!」と怒鳴りつけた。etc. etc……

意味不明の横暴な態度をとるのは、決まってダーク系のスーツをきちんと着た40代前後のビジネスマンだそうです。

そういえば、コンビニバイトの学生と全く同じことを、タクシーの運転手さんも言っていました。

やたらと目的地までの道順を細かに確認するので、「運転手さんのいいように、行ってください」と答えたところ、「いや〜、最近よく怒られちゃうんで、つい……。すいませんね」と頭を下げられてしまったのです。

「ビシッとビジネススーツを着た偉い人は、入り口間違えただけで怒りますから」

「メーター上がった分、払わないとか？」

「そういう人もいますね。大抵は、『名前は？』って聞くんです」

「運転手さんの名前⁇　そっか。会社にクレームつけるってことですね？」

「一度もかかってきたことないですけどね（笑）。『オレのこと舐めんなよ』って言いたいんでしょうね」

なるほど。〝オレ様〟ビジネスマンの眉間のシワが、目に浮かびますね。

不安がジジイ化を加速させる

みんな、ストレス溜まってるんだね——確かにそうかもしれません。

なんせ上からは「成果をあげろ！」「結果を出せ！」と叩かれ、下（＝部下）からは「それ、意味あるんっすか？」と突かれる。

ちょっとでも部下に厳しくしようものなら「パワハラだ！」と抗議され、ちょっとでも残業させようものなら「ブラックだ！」と非難されます。これでは誰だって、ストレスが溜まりますよね。

おまけに女性部下が増えたことで、ストレスも倍増です。会社は「女性活用だ！」「働きやすい職場だ！」と聞こえのいい御託ばかり並べますが、補塡要員を雇う気はさらさらない。「それ産休、それ育休」と部下は欠けるばかりで、「いったいいつになったらフルメンバーで戦えるのか」と頭をかかえながら、多忙な日常だけが繰り返される。

さらに40代になると「中年期の危機」というキャリアストレスに遭遇します。あと数年で早期退職するか、会社にいられるだけいるかも、選択しなければなりません。

この危機の「対処」次第でキャリア人生後半戦の「自分のカタチ」が決まることがわかるから、不安になる。

人は不安になればなるほど、保身に走りやすい傾向があります。ジジイへまっしぐらです。

ジジイ化を防ぐために何が必要か

でも、そんな状況でもなんとかストレスをやり過ごしている人もいます。

彼らは、ストレスをコントロールするのがうまいだけでなく、「ジジイ」と化して周りのストレスの原因になることもありません。

たとえ会社に残っても、若い人たちから慕われ続けます。

評価され続けている人、勝ち続けている人、モテ続けている人、かっこよく生き続けている人にあって、他人をバカにするジジイたちに欠けているモノ。

それは「SOC＝Sense Of Coherence」。そう「SOC」です。直訳すると、「首尾一貫感覚」。平たくいうと、人生のつじつま合わせができる力、です。

SOCは、人と環境との関わり方次第で高められる内的な力です。

誰もが認める成功者、勝ち組、レジェンドと呼ばれる人たちは、例外なくSOCが高い。

彼らの仕事満足感や人生満足感はとても高く、健康状態も良好で、いかなる困難も乗り越えるたくましさを持っています。

本書は、他人をバカにして会社にしがみつく「ジジイ」にならないための指南書です。

ＳＯＣの欠けているジジイの言動を分析し、それを反面教師に「高いＳＯＣ」を獲得することを目的としています。前述したとおり、ここには女性も含まれます。女性も他人事ではありません。

「ああなりたくない」人にならないために必要なのは、ＳＯＣの高さです。ＳＯＣがポイントなのです！

ＳＯＣには、「本物のＳＯＣ」と「フェイクＳＯＣ」があり、〝エリート〟ほどフェイクＳＯＣに陥りやすいので、そのあたりもできるだけ丁寧に書いたつもりです。

どうかジジイではなく、ＳＯＣの高いオジさんになってください。そうなれば、案外オジさんたちが、「日本の希望」となってゆくかもしれないのです。

目次

第3章

「偉そうなオジさん」はなぜ存在するのか

見下し行動にひそむ不安

一流アスリートがもつ、いい嫉妬
夫にキレる妻VS妻に嫉妬する夫
夫に「関心がない」妻たち
「前例がない」を切り札にするジジイたち
「大年増の厚化粧」発言に込められていたもの
ある日突然、手のひらを返す男性社員
女性部長は会議で突然、集中砲火を浴びた
不毛な議論をふっかける人の真意とは
「少しは女らしくしろよ」の罵声
個人として評価するか、女性として評価するか
役職に性差が生じるのはなぜか
紅一点の女性の難しさ
スカートをはいたオッサンはなぜ登場するか
女の優位性は、最初の失敗をするまでの間だけ

賞賛とバッシングが隣り合わせになるとき
「やっぱり女だからね」と言わせないための配慮
男女比6対4で、初めて個人が評価される職場になる
なぜ女性は会議が下手なのか
有能な部長が10分早く会議の席につく理由
根回しは悪弊ではなくコミュニケーション
SOCの高い人は「他人力」を使うのがうまい
鉄の女サッチャーは女を武器にしていた

第5章

しかし、オジさんたちが日本を救う

「個の確立」という幻想の向こうへ

終戦直後の日本人は高いＳＯＣをもっていた
人をないがしろにしやすい現代の労働社会
自分の存在を軽視する会社を信頼できる人はいない
日本は「他者を信頼しない国」へ
「孤独は皮膚の下に入る」
社会からの孤立がもたらす健康リスク
赤ちゃんが笑うのはなぜか
頼れる人がいる人は脳も衰えにくい
「あうんの呼吸」の功罪
アメリカ人のコミュニケーションはなぜマメなのか
朝の挨拶は大きな声でするべき理由
当たり前を当たり前にする家庭はＳＯＣが高い
ジジイにならずして環境を変える

終章

第1章

老害はどこから発生するか

他人をバカにする「ジジイ」と「粘土層」

反論してこない人に暴言を吐く支店長

「同じマンションに住んでるってことは、人事情報で知っていました。でも、あんな瞬間を目の当たりにするとは……、いやぁ、ショックというか、恥ずかしいというか」

私はこれまで、600名以上のビジネスマンにインタビューをしてきました。フィールド・ワークの一環として大学院に在学している頃からやっているので、かれこれ10年以上になります。

年齢は20代前半から90歳まで。企業も職業も役職も多種多様。特に40代、50代の方たちには、数多くご協力いただきました。もちろん今も続けています。目的は自分の研究活動やコラム、講演会などに「現場の目線」を生かすためです。

冒頭の声はそのうちのひとり、ミサさん（仮名）43歳です。大手金融会社の人事部ダイバーシティ課に所属しています。彼女を驚かせた〝同僚〟の行動とは、なんだったのでしょうか？

ミサ「朝、新聞を取るのに下まで降りていったら、コンシェルジュの女性を大声で怒鳴ってる男性がいまして。よく見たらうちの会社の人だったんです。あわてて気付かれないように、壁に張り付きました（笑）」

カワイ「そりゃ、驚きますね。上司ですか？」

ミサ「いいえ。年は4つ上。役職は支店長です」

カワイ「支店長さんがマンションで大声上げてたら、あまりよろしくないですね。お客さんが住んでるかもしれないですし……」

ミサ「そうでしょ？ そうなんですよ！ 私のほうがハラハラしちゃいました。しかも、怒鳴ってる内容が、『遅い』だの『手際が悪い』だの、しょーもないことで。コンシェルジュの方に失礼ですよね」

カワイ「会社でも部下を怒鳴りつけたり、偉そうにしてるんですか？」

ミサ「ま〜ったく！ 会社ではどちらかというと穏やかで、パワハラのウワサもありません。……でも、意外とうちの会社って、外に出た途端〝感じ悪い星人〟になっちゃう人、多いんですよね〜（笑）」

カワイ「キレる中高年ってヤツですか？」

ミサ「キレるってほどでもない。見下してるっていうか、バカにしてるっていうか。こないだ上司と一緒にタクシーに乗ったときも、あまりの上から目線で驚きました。もう少し丁寧に話せばいいのに、ものすごく高圧的。反論してこない人に、暴言を吐くんです。そういうタイプって、決まって社内的に〝残念な人〟なんですよ。世間的にはエリートだけど、社内的にはそこそこ。『オッサン、がんばれ！』って、こっそり突つきたくなるタイプですね（爆笑）」

カワイ「『オッサンがんばれ！』って、言ってあげればいいじゃないですか？（苦笑）」

ミサ「そんなことしたら、私が干されます。ただでさえ、ワタクシごときが〝人事部〟に属してることに、嫌悪感抱いている人多いのに。絶対に言えません。男の嫉妬は恐いですよ〜。ネットで匿名でせこせこディスってそうだし……。まぁ、要するにストレスが溜まってるんですよね。残念な中間管理職は、職場でも、家庭でも、大変ですから。お気の毒ですわ〜」

……男性をシビアなまなざしで捉えるのは、いつの時代も女性です。男社会では「仕方がない」と諦めていることでも、女性たちは決して見逃しません。

私のインタビューに協力してくれた方の中には、人事部ダイバーシティ課ダイバーシティ推進室という部署に所属する女性が数名いらっしゃいました。女性たちはいずれも「女性活躍」を進めるために招集された、豪胆無比のお局さまや、上司に楯突くことを恐れないおてんば娘たち。彼女たちは実に小気味よく「男性陣」をキリまくります。ときには女性上司や女性部下のことも、言いたい放題。出世とか建前とかに興味のない彼女たちは、冷静に人間ウオッチしているのです。

彼女たちのことを本書では「第２秘書室」と呼ぶことにしましょう。

なぜ社内で残念な人ほど、社外で偉そうなのか

社内的に残念な人ほど社外で偉そうに振る舞うのは、よくあること。なぜか？　自尊心を守るために、です。

自尊心とは「自我に対する自己評価」で、他者からの評価により高められたり、傷つけら

れたりします。

世間的にエリートであれば、おそらく幼少期から「頭がいい」「運動ができる」「いい高校（大学）に入ってすごい」「すごい会社に就職した」など、自尊心が高まる賞賛を受けてきたことでしょう。

ところが職場では、同じような経歴の人だらけです。〝すごい会社〟といわれる組織はある意味、「〇〇町の神童」と呼ばれた人が日本全国から集まってできていると言えます。

そこでみな「負けたくない」と頑張るわけです。

最初にいい評価を受けた人は、その後も順調にヒエラルキーの階段を上っていくことが可能です。国内だけでなく海外で行われた「出世を規定する要因」を調査した論文でも、「早い時期での高評価」の優位性は確かめられています。

とはいえ、所詮、出世は椅子取りゲーム。用意されている椅子は次第に減り、ある時点から自分が期待するほどの評価を得られなくなる。

すると、自尊心が揺らぐ。「なぜ、オレは評価されないんだ⁉」と。その一方で、「自分だけは運よく、少数の『必要とされる人』に紛れ込めるかもしれない」という期待も捨て切れないのです。

「日本のサラリーマン社会は、〝見て見ないふり症候群〟の輩であふれている」と、53歳で就活を始めた男性が嘆いていたことがありますが、この〝見ないふり症候群〟に陥っている輩ほど、「自分よりも劣った人（当人が判断する）」に偉そうな態度をとったりすることで、自己防衛的に自尊心を保とうとするのです。

エリートほどネット炎上に荷担しやすい理由

インターネットの世界の中でも同じ景色が見られます。

例えば、国内で行われたネット炎上に関する調査では、高学歴で、年収が高く、課長や部長などの役職に就いている、いわゆるエリートほど、荷担しやすいことがわかっています（田中辰雄・山口真一著『ネット炎上の研究』（勁草書房）より）。

匿名で人をこき下ろし「そーだ！　そーだ！」と賛同されれば、「やっぱり自分は正しい」と安堵できる。〝正義〟の名を借りた中傷合戦に荷担すれば、自分の存在意義を誇示できる。

要するに、先の支店長のように人を見下したり、バカにしたり、攻撃する行為の裏側には、「他者から評価されたい。認められたい」という自己愛が存在しています。

自分の市場価値を見せしめるために、ときに偉ぶり、ときに正義を振りかざし、「自分の強さ」を誇示するのです。

会社にしがみつくオジさん社員の正体

さて、そんな〝自称エリート〟たちの社内での実態を話してくれたのが、第2秘書室の大御所、玲子さん（49歳）です。彼女いわく、「『アンタ、その仕事〝うちの会社の社員〟だからできてんのよ！』って言いたくなる、偉そうな人ほど会社にしがみつく」んだと。

男女雇用機会均等法の第一世代の玲子さんは、社長から新入社員まで、隅から隅まで会社を知りつくす人物です。彼女が勤めるのは、誰もが知る一流企業。その〝一流〟の魔物にとりつかれたオジさん社員の実態を、話してもらいましょう。

玲子「会社にどこまでしがみついてんだよ！　って喝（かつ）入れたくなるヤツが2人います。ひとりは同期です。若いときから仕事ができたし、同期からの信頼も厚かったのに、最近はとんでもないヤツに成り下がりました」
カワイ「仕事ができた、ってことは、結構出世はしてるんじゃないですか？」
玲子「課長になるまでは順調でしたけど、そのあとが……ダメ。一時期、外資系に転職するウワサがあったけど、結局、会社に残った。うち、お給料いいんですよ。体裁より実を取ったってことなんでしょうね。それ自体は悪いことでもなんでもないんですけど、その頃から明らかに変わった。〝コバンザメ〟になってしまったんです」
カワイ「得意技は、ヨイショにごますり、ってやつですね（笑）」
玲子「そのとおりです。おまけに、デキる部下に嫉妬して、姑息なことするから最悪です」
カワイ「姑息なこととは？」
玲子「責任を押し付けたり、手柄を奪ったり。ありもしないウワサを流したり。幼稚園児並みです。コバンザメのせいで、何人の優秀な若者がつぶされたことか。同期だけに本当に情けなくなります」

学歴、役職から勘違いが生まれるしくみ

社外で横暴な態度をとる〝エリート〟と、会社にしがみつく〝エリート〟。両者には共通点があります。それは〝エリート〟だからこそ手に入れることができた「リソース」への、過剰な執着心です。

リソースとは、専門用語ではGRR（Generalized Resistance Resource＝汎抵抗資源）と呼ばれ、世の中にあまねく存在するストレッサー（ストレスの原因）の回避、処理に役立つもののこと。お金や体力、知力や知識、社会的地位、サポートネットワークなども、すべてリソースです。

「Generalize＝普遍的」という単語が用いられる背景には、「ある特定のストレッサーにのみ有効なリソースではない」という意味合いと、「あらゆるストレッサーに抗う（あらが）ための共通のリソースである」という意味合いが込められています。平たく言い換えれば、「いくつもの豊富なリソースを持ち、首尾よく獲得していくことが重要」なのです。

リソースは、「対処に役立つ」ことに加え、「ウェルビーイング（個人の権利や自己実現が

リソースとは何か？

GRR（リソース）とは、

1. 身体的
2. 生化学的
3. 物質的
4. 認知
5. 感情的
6. 評価・態度的
7. 関係的
8. 社会文化的

な、

1. 個人
2. 第一次集団
3. 下位文化
4. 集団

の特徴のことで、
世の中にあまねく存在しているストレッサーの

1. 回避
あるいは
2. 処理において役立つもの

出所：'The Handbook of Salutogenesis'Maurice B. Mittelmark, Shifra Sagy, Monica Eriksson, Georg F. Bauer, Jurgen M. Pelikan, Bengt Lindstrom, Geir Arild Espnes (P94 figure 11.4 The definition of generalized resistance resources (Antonovsky,1979,2.103))
和訳：著者

保障され、身体的、精神的、社会的に良好な状態)」を高める役目を担っています。例えば、貧困に対処するにはお金(=リソース)が必要ですが、金銭的に豊かになれば人生満足感も高まるといった具合です。

ところが、一方で「金さえあれば何でも買える。人の心でも買える」などと勘違いさせるリスクもはらんでいます。

とりわけ収入、学歴、役職などの「個人の属性」となるリソースは、少々やっかいな存在です。

つまり、人をバカにし、会社にしがみつくエリートは、属性の罠にはまった〝残念な人〟、リソースを間違って使っているのです。

上だけを見て仕事をする「ジジイ」たち

「上だけを見て仕事をする人」——私はこういう人たちを「ジジイ」と呼んでいます。なにも年齢的なことを言っているのではありません。

プロローグでも書いたとおり、ジジイとは、「自分の保身だけを考え、行動する人たちの総称」です。

女の私から「ジジイ」と呼ばれることに憤りを感じる人もいるでしょうが、「気分悪い！」と思った方は大丈夫です。そういう人は「ジジイ」ではありません。

なぜならホントのジジイは自分がジジイとは微塵も思っていません。「いるいる！　こういうヤツ」とまるで他人事。おそらく日本中を探しても、「私は保身だけを考え行動するジジイである」と自覚している人はいないはずです。

この自分を俯瞰できない態度こそが、問題なのです。

カワイ「もうひとりも、同期ですか？」

玲子「いいえ。60代後半の元常務です。定年して顧問になったのですが、いまだに週4日も出社するんです。週4日って、ほぼ毎日。わけわからないでしょ？」

カワイ「来るだけならいいけど……、ってヤツですか？」

玲子「そのとおりです！　会社に来ても黙って座ってりゃ、『はい、ご苦労さん！』でチャンチャンです。ところが、現役だった頃の部下に説教したり、私たち人事部のメンバーを呼びつけ、人事に口を出す。終わった人のくせに最悪です」

カワイ「『偉かった人』だけにやっかいですね」

玲子「私なんてあからさまに迷惑な顔して同僚からたしなめられるんですけど、当の本人は全く気付きません。晩節を汚すとは、こういうことを言うのでしょうね。裸の王様です。本当、ああはなりたくないですよね～」

大企業サラリーマンは〝勘違い〟しやすい

さて、ジジイなるものがいかに傍迷惑な存在か、おわかりになったでしょうか。

彼らは手にした属性にすがり、集団の名声＝自分の価値、役職の価値＝自分の価値と勘違いし続けている。

そりゃあ、誰だって若いときから、自分のサラリーでは行けないような場所を接待で利用したり、滅多に接することができない大物と会ったり、30代そこそこで下請け会社の年上の人から「うちの商品よろしくお願いしますよ」などと頭を下げられれば、自分が特別な何者かであるかのような錯覚に陥っていくことはあるでしょう。

でも、普通はある程度年齢を重ね、自分を客観的に見られるようになると、勘違いに気付く。だからこそ「自分の価値はいかほどか」と不安になるとともに、新天地でのチャレンジを夢見るわけです。

ところが、人は今あるものを失うことに怖れを感じる習性があるので、「価値あるもの」を手放すのをためらいがちです。

そうこうしているうちに「気付かないふり症候群」に陥り、属性に身を委ね、挙げ句の果てに「コバンザメ」になる。どっぷりと。どこまでもどっぷりと。とことん属性にはまり「ジジイ」に成り下がる。……実に切ない末路です。

犬が鳴く理由はストレス解消のため?

しかも、「彼ら」は会社の外に出た途端、傍若無人の野蛮なジジイに成り下がります。人を見下し、暴言を吐き、〝オレ様〟になる。

「犬の遠吠え」と同じです。

動物の専門家いわく、「あの〝ワォ～～ン〟という叫びには4つの意味が秘められている」とのこと。

ひとつ目が「ストレスの解消」、2つ目が「叫ぶこと自体が楽しいから」、3つ目が「寂しさから」、そして最後が「クセになっているから」……。

「そうなったら人間終わりだよね」なんて、他人事のように言っているアナタだって、罠にはまるかもしれないのです。いや、ひょっとしたらすでに、足を突っ込んでいるかもしれません。だって、罠というくらいだから、自分では気がつかない。だから、胸に手をあてて考えてほしいのです。

オレは大丈夫か？　と。リソースの罠に落ちてないか、と。何度でも自問してほしいのです。

40代から始まる「老害」

少々耳が痛い話が続いてしまったので、ここで一息いれたいと思います。

次の10項目の質問に、「○」か「×」で答えてください。

①　自分の若いころと比べ、つい若い世代の仕事のやり方に口出ししてしまう
②　つい自分の体験談や自慢話をしてしまう
③　以前の人間関係を引きずり、昔の部下や後輩に、命令口調で話してしまう
④　経験が豊富にあるので、若手にはできないことが自分にはできると思う
⑤　デジタル技術にうとく、エクセルやパワーポイントの資料作成を人に頼んでしまう
⑥　電話を取るのは若手の仕事だと思っている。電話に出ても相手の言葉にいらいらして、横柄に話してしまう
⑦　定年後も働く理由について「家にいると妻や家族が嫌がるから」「健康のため」など、周囲の士気が下がることを言ってしまう

⑧ 冗談のつもりでも、「給与が半分になったから、仕事も半分しかしない」など、やる気を疑われる発言をする
⑨ 人の話を聞かなくなった、とよく言われる
⑩ 「この仕事は自分に合わない」と、与えられる仕事のより好みをする

答え終わったら「○」の数を数えてください。

さて、アナタはいくつ「○」がありましたか？


実は答えていただいた10の質問は、「老害度チェックリスト」です（２０１５年12月17日付日本経済新聞より）。

チェックリストを作成した人事コンサルタント泉田洋一氏によれば、「○」が６つ以上なら「立派な老害」、３つ以上なら「老害候補」だそうです。

一息はここまで。ここから再び、厳しい話に戻ります。

「立派な老害」より「老害候補」のほうが危険な理由

老害の一番の問題は「自己認識のなさ」。つまり、先ほどのテストで「立派な老害」と判定された人より、むしろ「老害候補で収まった～」と胸をなで下ろした人のほうが周りから煙たがられている可能性が高い。

老害が「老」に「権力」が掛け算されたものであるなら、老害候補は「老＋保身」です。このチェックリストは、瀬戸際に立たされるミドル社員の「保身度」も問うているのです。

例えば、「オレらの若い頃はテッペン（深夜0時）まで仕事やるのが、当たり前だったぞ（チェックリスト1）」と、長時間労働を美徳としたり、「2万円や3万円のスーツを着ていたんじゃ、営業先に相手にされないだろ。オレなんか若いときは見栄を張ってでも、高いスーツを着てたけどなぁ（チェックリスト2）」と、バブル時代の景気のよさを自慢したり、「経験が足りないんだよね～。部下を動かすのが下手だよな（チェックリスト4）」と、年下上司を見下したり。こういった〝オレ様〟ぶりをチラチラ発揮するようになったら、それはすなわち「保身に走り始めている」ことを意味しています。
そして、「私はキミのために言ってるんだ」が口癖になってきたら、ジ・エンド。「老害」そのものです。

ジジイの壁にはりつく「粘土層」

権力を振りかざす老害は、正真正銘のジジイになったことの証ですが、保身から派生する老害候補は、ジジイの壁にひっつく「粘土層」になっていることを意味します。

「粘土層」は、かなりやっかいな存在で、若い社員たちからは「何をやっているんだかわからないオジさん」と煙たがられる。なんせべったりジジイの壁にひっついているので、とにかく動きが悪いのです。

頭でっかちな、いびつな年齢構成の組織ほど、粘土層を量産します。

会社はある程度の年齢に達した人をいつまでも現場に置いておけないので管理職にするしかない。ところが、フラット化や人員削減に伴うポストの廃止で、昇進したところで直属の部下は存在しない。こういった人事が粘土層を作っていくのです。

「キミのためだから」にひそむ罠

数年前に「追い出し部屋」なるものが問題になったときのことを、覚えていますか？

「赤字にあえぐパナソニックグループに、従業員たちが『追い出し部屋』と呼ぶ部署がある」という文言で始まる記事（２０１2年12月31日付朝日新聞）には、１００台ほどのパソコンと古い机が並ぶがらんとした室内に、さまざまな部署から正社員１１３人が集められ、退職強要らしき〝業務〟を課すなど、企業の卑劣なやり方が記されていました。

同様の〝部屋〟は、ソニーグループ、ＮＥＣグループ、朝日生命保険などにも存在し、「企業開拓チーム」という名目のもと、自分自身で自分の出向先を見つけることを業務目標としている会社があることも判明。

この記事を見た40代以上の人たちは、「ひどいな、これ」と他人事を装いながらも漠然とした不安を抱きました。

「もし、自分が追い出し部屋に送られたら……」――。そんなシチュエーションが、脳内をよぎったのです。

「追い出し部屋」というショッキングな呼び名は瞬く間に〝市民権〟を得て、国をも動かしました。

若手社員は追い出し部屋を肯定する

厚生労働省は記事で報じられた5社に対し、「退職強要の有無等の調査」を実施。とはいえ、所詮〝お役所〟の調査です。

結果は予想どおり、「そういう部署はあった。でも、それはこれまでの業務とは異なる業務をさせているだけで、明らかに違法な退職強要を行っている企業はなかった」という、玉虫色の結論に至りました。

しかし、企業の真意はただひとつ。心理的なプレッシャーをかけて、自ら辞めてもらいたい。それ以上でも、それ以下でもない。紛れもない退職強要です。

正直な話、私は「追い出し部屋」に憤りを感じました。心理的なプレッシャーほど、傷跡が深く残るものはありません。

リストラしたいのであれば、正々堂々と行うべし！　そう思ったからです。

でも、現場の人たちに意見をうかがってみると、「追い出し部屋肯定派」が少なからずいることがわかりました。しかも肯定派の多くは、「追い出し部屋」に戦々恐々としているミドルと同世代です。

「何もしないくせに、平気で若い社員のモチベーションを下げるような言動をする」「〝オレ様〟社員の配慮に欠けた言動は、百害あって一利なし」「追い出し部屋を作りたくなる気持ちもわかる」――。こう嘆いていたのです。

無邪気に周囲を腐らせる「粘土層社員」

●「週末、別荘に行ったらクマが出て」と、小金持ちぶりをアピールする
●「これからは楽させてもらうよ～」と平気で言う
といった〝老害度〟の高いタイプだけではなく、
●頭をかかえたくなるほど仕事ができない。尻拭いをしている若い社員が気の毒

●動けば動くだけ問題を起こす

といった〝給料泥棒〟タイプまで。

「追い出し部屋は必要」――同世代にそう思わせてしまう「粘土層社員」が、ゾンビのようにはびこっていました。

しかも彼らは、実に無邪気で、自分が周りのやる気を奪っているなんて、微塵も考えたことがありません。それだけにたちが悪いのです。

定年延長が義務化され、〝働かない高給取り〟を疎ましく思っている若者は多いし、なんで使えない人たちの給料のために自分たちが酷使されるのかという不満もあります。

若い世代の中高年に対するアレルギーは猛烈に強い。やる気が失せて当たり前です。まじめにがんばってきた若者ほど腐る。ひとつの腐ったリンゴが、周りのリンゴまで腐らせる「腐ったリンゴ効果」が、たったひとりの粘土層社員のせいによって起きてしまうのです。

当然ながら、リソースの罠に落ちていないミドルは、たとえ不甲斐ないポジションに置かれたり、子会社にヒラ社員で送られることがあっても、決してジジイの壁にはりつこうとはしません。彼らは謙虚に若い社員に教えを請うて、コツコツとやる。

周りが忙しそうにしているときには「何か手伝おうか？」と素直に言えるしなやかさを持っています。

そういった人には、若い社員も敬意を示します。やがて彼らは〝新天地〟に適応。周りから慕われ、頼れる父親のような存在になっていくのです。

過去の栄光が華々しい人ほど老害になりやすい

古くから「老害」は心理学や人類学者、社会学者、さらには脳科学者たちの手によって、アレやコレやと解明が試みられました。

その結果、心理と脳の2つの側面から、いくつかの知見が得られています。

まずは、心理です。

人は年齢を重ねることで、「喪失」への恐怖が次第に増します。肉体的にも、精神的にも、社会的にも、それまで当たり前のようにあったものが段々と衰えていく現実と向き合うのは、とてつもなくしんどい作業です。私たちは自分が考えている以上に、「今あるもの」を手放すことに恐怖を抱きます。社会的な地位や役割が失われることで、自分の存在価値まで失われてしまうのでは？　と不安になる。これが喪失感の正体です。

ところが人間の心は実に複雑で、そんな喪失感とは裏腹に「今」の自分への評価が年齢とともに高まる傾向があります。

文京学院大学人間学部元学部長で心理学者の下仲順子氏が行った興味深い調査がありま す。自分に対する評価を、「過去の自己（これまでは……）」、「現在の自己（今の私は……）」、「未来の自己（いつかそのうち、私は……）」と3つの時間軸で捉え、年齢との関連を分析したところ、次のことがわかりました。

●「過去の自己」に対する評価――若い人は否定的に捉える。しかしながら、加齢とともに中立的になり、50代後半以降は肯定的に評価

40歳を過ぎると「今の自分に対する評価」は上がる?

自己概念の生涯発達

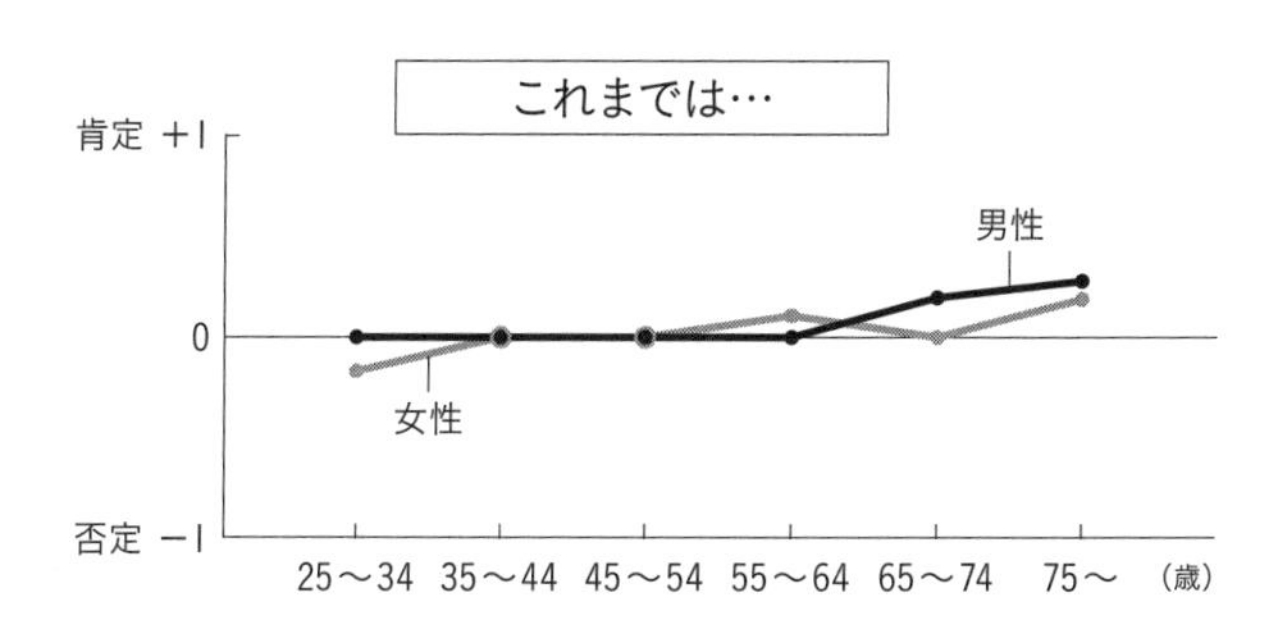

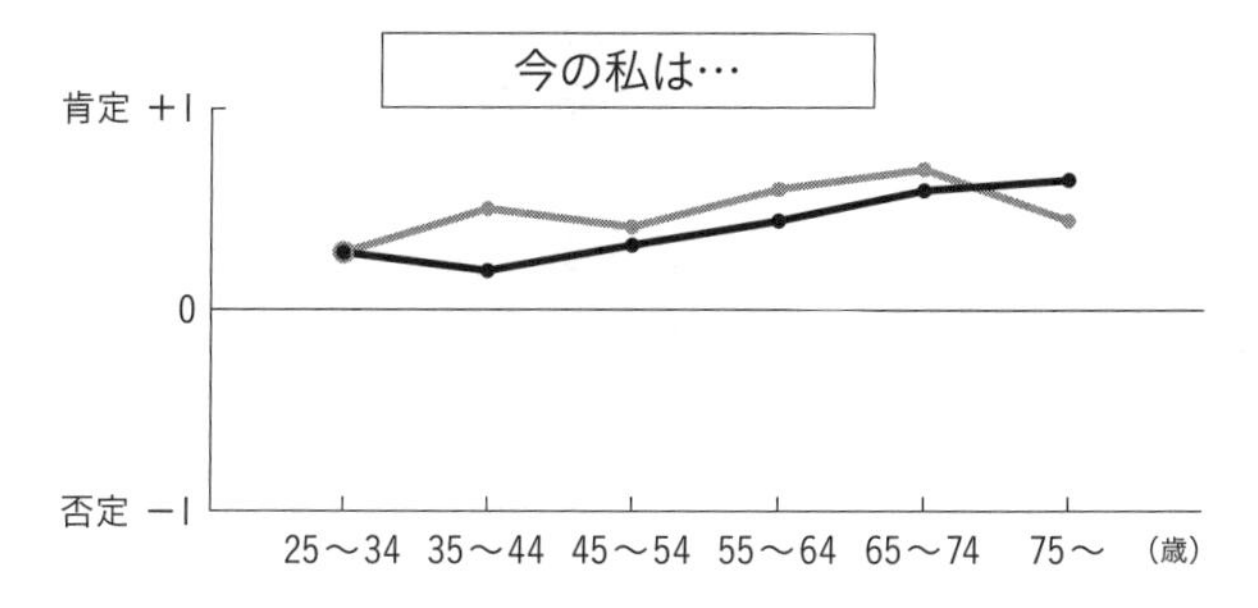

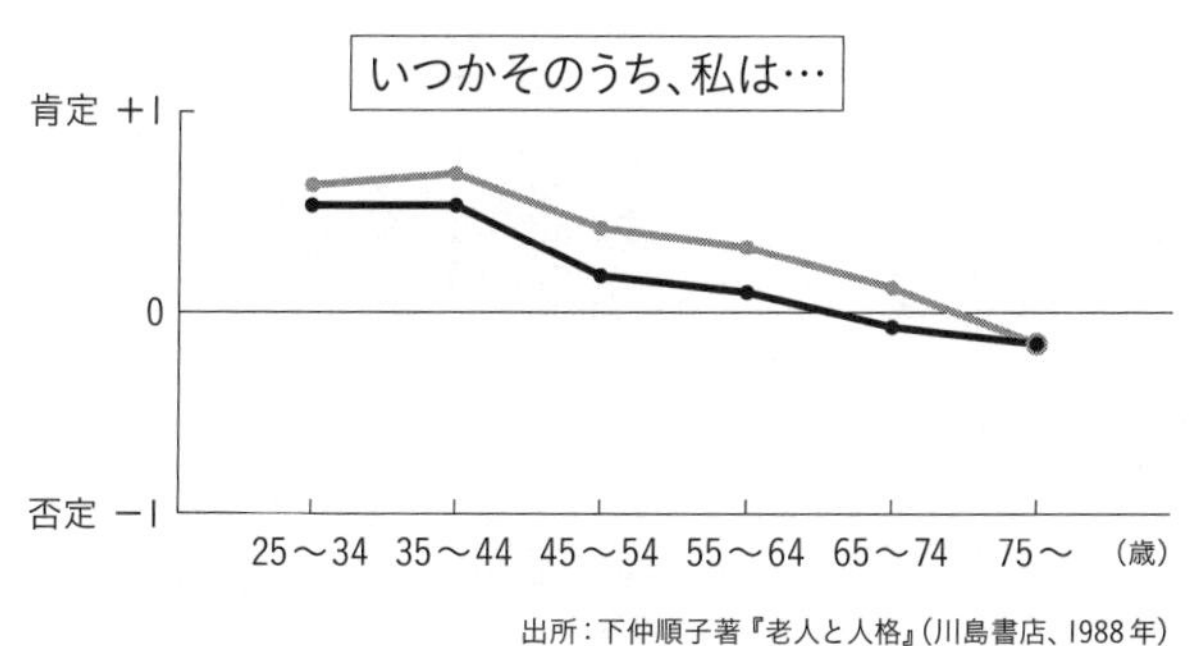

出所：下仲順子著『老人と人格』（川島書店、1988年）

●「現在の自己」に対する評価――年齢とともに向上する
●「未来の自己」に対する評価――だんだんと肯定的に転じ、40歳前後ピークとなる。50歳以降は急速に低下する

つまり、「今」の自分への評価が高い人ほど、未来の自分が不安になる。そこで「オレって、こんなにすごいんだぜ！」と強がることで、心の均衡を保とうとするのです。

また、中高年期の自己概念（身体的特徴、能力、性格に関する本人の評価）の変化には、「世間のまなざし」が強く影響します。すなわちエリートほど「あの人は終わった人」的な世間のまなざしとのギャップが広がり、ますます不安が募っていくのです。

一方、脳科学では、老害を「脳の老化現象」と「脳の快感」から説明することが可能です。当たり前のことですが、年を取れば脳も老います。どんな元気な人でも避けて通ることはできない、人間の定めです。

老いた脳はすぐ忘れ、物事のプライオリティを決める能力が低下し、相手の身になって話

す力も低下します。また、脳の老化は得意分野以外の部分から進むため、過去の栄光は最後まで残り続けます。「オレって、こんなにすごかったんだぜ！」と過去の栄光をつい口走ってしまうのは、いわば脳が老化している証拠なのです。

ジジイの自慢話、ＳＮＳの自分語りが脳にもたらす快楽

加えて、人が自分自身について話すときには、いわゆる報酬のメカニズムや快楽の感覚、セックス、コカイン、おいしい食事のような刺激に関わる状態と関係する脳の領域が活発になることがわかっています（ハーバード大学社会的認知・情動神経科学研究所〈Harvard University Social Cognitive and Affective Neuroscience Lab〉の研究者たちによる）。

しかも、相手が聞いていようがいまいが当人は満足感が得られるというのですからたまったもんじゃありません。

あからさまにイヤな顔をされるような傍迷惑な「自慢話」も、当人にとっては快楽以外のなにものでもないのです。

本題とはそれますが、ＦａｃｅｂｏｏｋやＴｗｉｔｔｅｒで多くの人が「自分の体験や意見」

をせっせと投稿するのも、こういった脳の特性が関係しているのです。

要するに老害には、子どもの運動会で「自分はもっと走れる！」という気持ち（＝現在の自分）と、実際の肉体のギャップから、お父さんがコケるのと似たようなメカニズムが働いてる。なんとも切ない話ではありますが、「保身」から老害に走るような輩になることだけは避けたいところです。

では、慕われるミドルにあって、ジジイ化するミドルにないものは何なのでしょうか。

「老害になる人」と「慕われるミドル」の違い

それは、「自分の可能性にかけてみたい」——と、思えるかどうかです。「自分の可能性を信じる」感情は、人格的成長（Personal growth）と呼ばれ、大切なリソースのひとつです。

人格的成長は年齢とともに低下しやすいリソースですが、いつまでも若く、元気で、進化し続ける人には年齢は関係ありません。

「不思議だね〜。どんどん細川さんも元気が出てきた。人間っていうのは、やるべきことが見えてくると、元気が出てくるものだね」

これは2014年に細川護熙元総理が東京都知事選に立候補した際、その応援に立った小泉純一郎元総理が言った言葉ですが、細川元総理は「人格的成長」を獲得していました。

「老老コンビ」だの「今さらナニができるんだ」だのと批判する人はいましたけれど、「やるべきことが見えている人」は決してジジイには成り下がりません。いまだに〝霞ヶ関にしがみついているジジイ〟とは対照的です。

「もっと上手くなりたい」——三浦知良選手

「もっともっと上手くなりたいです」——イチロー選手

「強い選手が出てくるたびに『負けないぞ』って練習をしてきた」——葛西紀明選手

カズも、イチローも、葛西選手も、みんなみんな「もっともっと」と自分の可能性を信じています。彼らの「頑張り」を支えているのが、「人格的成長」なのです。

40代になると「自分の可能性にかけてみたい」という欲求と、「そんなのムリ」という諦めが交錯し、「誰か」に背中を押してもらいたいと願うことがあります。そんなとき彼らの勇姿に私たちは感動し、「自分も頑張らなきゃ」と奮い立つのです。

思考が固定されてしまうことの危機

スタンフォード大学の教授で、心理学者のキャロル・ドゥエック博士は、「成長できる人とできない人の違い」の謎を解くために、20年近く研究を続けてきました。

その結果、成長する人は「学びたい」という「成長する思考態度」をもっていて、逆に、成長できない人は「固定された思考態度（fixed mindset）」をもっていると結論づけました。

「成長する思考態度」の人は、「私の人生は、学んだり、変化したり、成長したりする、連続した過程である」と考え、〝今〟を成長への通過点と捉えていました。自分に対する批判や他人の成功など、普通だったら向き合いたくないことに出合っても、ありのままを真摯に受け止め、吸収し、進化する。喪失感に苛（さいな）まれることがあっても、それらのストレスをむしろ自らの成長の糧にします。

一方、「固定された思考態度」の人は〝今〟の自分に固執する。自分に都合の悪い批判は退け、自分をよく見せるために、他人を蹴落とすような言動をとる。

常に〝今〟の「自分は失敗しているか、成功しているか?」「賢く見えるか、バカに見えるか?」「受け入れられているか、排除されているか?」「勝者か、負け犬か?」と、他者との比較で物事を捉え、自分の優位性にこだわり続けます。

そして、安心など全く担保されない厳しい現実に気がついたときには、後戻りできない状況に苦しむことになっていくのです。

第2章

勝ち負けが気になる心理

社会的評価という魔物

なぜ男は社内人事にこだわるか

第1章では、少々難題を突きつけてしまったかもしれませんね。なんせ組織に所属する以上、「他者の評価」から逃れることは不可能です。組織の一員である以上、常に周りとの相対的評価がつきまといます。

アユミ「社内人事ほど、男女で捉え方が違うモノはありません。女性の場合、その仕事をやりたいかやりたくないかで判断します。でも男性は、誰それが栄転だの外されただの、異様なほど騒ぎ立てる。自説を交え、ウラのウラまで読もうとするんです」

玲子「ウラなんてないのに。アホくさって感じですよ～（笑）」

こうシビアな現実を語るのは、第2秘書室のメンバーたちです。アユミさんは、玲子さん（第1章で登場）の部下。年齢は20代後半です。

彼女たちが指摘するとおり、私自身これまでに何度も、ビジネスマンたちが「人事」に翻弄される姿に驚かされてきました。

私は、「女だから」と自ら限界を設けたことも、「男だから」と相手を区別したこともないつもりです。それでも、やっぱり「女にはわからない」ってことが、現実にはあります。

「え？ ソコかいっ⁉」と脳内が「？？？」で埋め尽くされ、「んなもん気にするなツーの」と私の内部に潜む男性性がムクムクと頭をもたげるのです。

ん？ 〝私の内部の男性性〟……？ ってことは「男だから」ってわけじゃない？

そうです。そのとおりです。

脳科学者たちは「すべての解は脳が知っている」とばかりに、男女の考え方や反応の違いを、脳機能の性差で片付けようとしますが、私の専門は健康社会学です。

健康社会学では〝個人特性〟以上に、その個人を取り巻く〝環境の影響〟に着目します。人は環境で変わる。部下は上司で変わる――。これが健康社会学の考え方。

つまり、女たちが眉をひそめる「男たちの言動」は、彼らを取り巻く環境に起因している可能性が極めて高いのです（環境が与える影響の詳細は第4章でお話しします）。

人事の9割は「たまたま」決まる?

アユミ「人事部だけが知ってるトップシークレットがある、って普通は思いますよね? ところが、ありそうでない。これが人事部内のシークレットです(笑)。人事異動の9割は〝たまたまの結果〟です。昇進させなきゃならない社員や、『アイツが欲しい』と上司からオーダーが来る社員は、ごく一部です。

誰かが抜ければ、その穴を埋める必要が当然生じる。でも、これが結構難しくて、人の能力や経験は一様ではないので、たったひとつの穴があくだけで、何人かの異動が始まるんです」

玲子「だから個々の人事異動に、深い意味はないんですよ」

カワイ「でも、飛ばされるとかラインから外される、ってことはあるんですよね?」

玲子「それもビミョ〜です」

アユミ「だって勝手に本人が、〝左遷〟って思い込むんですもん」

カワイ「実際には、左遷でも外されたわけでもないのに、ですか?」

玲子「そうです。昔はお決まりのルートがある程度ありましたけど、今はすべてが流動的。しかも〝ポスト〟は年々減っています。だから自分の処遇に不満をもった人が『左遷された』って勝手に解釈するんです」

アユミ「異動になった半数くらいは、左遷だって思い込んでるんじゃないかな？」

玲子「私はもっと多いと思う。７割くらい？」

カワイ「７割って（笑）。ほぼほぼの人が人事のたびに『左遷された〜』って落ち込むって、どんな人事なんですか」

玲子「だから盛り上がるんです！」

アユミ「『アイツはもっと評価されるべきだ』『あんなお調子モン持ってきてどうする』と正義を振りかざし、他人の異動に口をはさむ」

玲子「正義の名を借りた、〝ストレス発散〟です（苦笑）」

「女は自由でいいよなぁ」の心理背景

アユミ「で、私たちのこともディスる」

カワイ「お前らのせいでオレが飛ばされた、とか？」
玲子「そこまで開き直ればいいですけど、『女は自由でいいよなぁ』ってイヤミったらしく言うんです」
アユミ「結局、役職が上がったり、花形の部署に行きたいだけなんですよ～」
カワイ「いっそのこと、『僕は出世したいので、昇進させてください！』って言えばいいのに（苦笑）」
アユミ「そんなことしたら、息の根を止められますよ（笑）」
玲子「失敗もしないけど成功もしない、よく動くけど勝手には動かない、下には意見するけど上には意見しない。この3つの条件を満たす人が、いちばん出世します。コレが、社内人事の鉄則です！」

……さて、少々おしゃべりが過ぎました。これくらいにしておきましょう。

出世する＝自由を得ること？

男性たちにとっては「耳の痛い」話ばかりだったかもしれませんが、さすが第2秘書室のメンバーです。彼女たちは実に見事に男性たちの心理を捉えています。
女たちは自由でいいよな――。この一言こそが、男性が人事にこだわる深層心理です。

ひとつの組織で長年サラリーマンをやっていると、役職の差で自分の意見が通らない経験を誰もがします。おまけに、上司のオーダーといったら、無理難題だらけです。

●この人数でそんなのムリ
●この予算でそんなのムリ
●この期間でそんなのムリ

そんなムリムリ攻撃から逃れて、自由になりたい。そのためには、自分が上司のポジションに上り詰めるしかない。男性たちは日々の息苦しさから逃れるために、自由を欲し、出世を追い求める。

「出世」という言葉を使うと、「出世が目的じゃない！」と口を尖らせる人がいるかもしれませんね。では、「権力」と言い換えましょう。

権力とカネ、権力とセクハラ、権力と暴力といった具合に、権力者が正しくない行動に出ることが多いからでしょうか。常に、権力にはマイナスイメージが付きまといます。

しかしながら、権力とは「自分で自由に決めることができる権利」です。

「自分で自由に決めることができる権利がある」という感覚は、大切なリソースのひとつで、職務満足感や人生満足感を高め、寿命をも左右します。

例えば、動物園で暮らすライオンより、サバンナで常に天敵の恐怖に晒されているライオンの方が長生きします。トップはヒラ社員より長生きします。その差を生むのが「自分で自由に決められる権利」なのです。

ヒラ社員はトップよりも死亡率が高い

英ロンドン大学がストレスと死亡率の関係を解明する目的で1967年から継続して行っている「ホワイト・ホールスタディ」。ロンドンの官庁街で働く約2万8000人の公務員を対象にしたこの調査によると、階層の最下段にいる公務員は、トップにいる人々と比べて死亡率が4倍も高いことがわかりました。

喫煙率、高血圧、血清コレステロール値、血糖値など、リスク因子のすべてを加味した補正後の比較でも、死亡率の差は補正前の3分の1しか減少せず、最下層にいる公務員とトップの死亡率には2倍近くの開きがあったのです。

いかなるリスク要因を加味しても、ストレスの多いはずのトップが長生きするのはなぜか？

そのメカニズムを解明する目的で始まったのが、「第2期ホワイト・ホールスタディ」です（ロンドン大学のマイケル・マーモット教授の指揮のもと1985年スタート）。

マーモット教授はさまざまな分析を行うとともに、他の実証研究を積み重ね、「社会的階層で最上階に位置するトップと、最下層の労働者とでは、働く環境が異なる。特に、『自分で自由に決めることができる権利』の差は歴然としている。つまり、トップが長生きするのは、彼らが裁量権を持っているからである」と見解を示しました。

人は権力を厭うくせに、権力を好む——。この大いなる矛盾の源には、「決められる自由」を求める人間の性が存在しているのです。

男性たちにとって「人事異動」は、組織で「自由」を手に入れられる唯一のチャンスです。

しかしながら、自分が期待する評価が得られることは滅多にない。

なぜか？

実は「評価」というのは「自分以外の誰か＝他者」だけではなく、自分自身でも行っているからです。

「平均以上効果」という心理用語があるのですが、自分を「平均以下」と評する人はごくまれで、大抵は自己評価を高く見積もっています。このちょっとだけ高い「自己評価」と「他者評価」のギャップが、不満につながります。

採用時に自分が「〇」をつけた人を昇進させる

第2秘書室のメンバーは「5～7割は評価に不満をもっている」としていましたが、これはあながち間違った数字ではありません。

評価が明確だとされるアメリカでさえ、「労働者の48％が職場で評価されていないと感じている」と報告されているので（アメリカ心理学会）、評価が曖昧な日本なら、「48％」の2割増しくらいの人が不満をもっていたとしても、不思議ではありません。

そもそも第2秘書室のメンバーが言っていたとおり、人事はたまたまの結果であり、「運」

次第といっても過言ではないのです。

「昇進するのは、どういう人なのか？」――

これは古くから国内外で、組織やキャリア発達を研究する学者たちの関心の的でした。

その結果、「昇進と実績は無関係」という結論に多くの論文が至っています。……と、コレは少々言い過ぎました。これでは宝くじに当たるようなものになってしまうので、丁寧に解説しましょう。

昇進と業務実績との関連を〝統計的な手法〟で分析した論文のほとんどで、「業務実績のよさ」と「昇進」との間には統計的に有意な関連は認められていません。つまり、「業務実績が高い↓昇進」というわけではないのです。

では、何が関連しているのか？

「学歴」「採用時に自分が○をつけたか否か」「入社時の評価」「性別」です。

採用時に自分が○をつけた人を昇進させる……、なんとも人間臭い理由で昇進は決まるのです。

また「実績との関連性が認められた」とする論文もいくつかありましたが、こちらも詳細に分析すると「在職期間」「学歴」「残業時間の多さ」「欠勤の少なさ」が優先され、これらの影響を加味した分析では「業績との関連」は消滅する。

つまり、「業績がいいだけで昇進するわけじゃない」と誰もが薄々感じていることは、決して思い過ごしではないのです。

失敗も成功もしない部下が重宝される理由

〝昇進の謎の研究〟には、ちょっとばかりおもしろいものもあるので、ついでに紹介しておきましょう。

実は「無責任な人ほど出世する」という結果が、いくつかの論文で示されているのです。

海外ではニューヨーク大学特任教授のB・ダットナーらが、具体的なCEOの名前と企業の不祥事などから論述しました（「失敗と責任の心理学」ダイヤモンド・ハーバード・ビジネス・ライブラリー）。

ダットナー教授は無責任を「他責型」と「無責型」に分け、企業のトップの７割はこのどちらかに属すると指摘。２０１０年にメキシコ湾で原油流出事故を起こした、ブリティッシュ・ペトロリアム社の元ＣＥＯトニー・ヘイワード氏を、他責型の典型としています（この事故では11人の作業員が亡くなっている）。

ヘイワード氏は事故直後に「いったい、どうして我々がこんな目に遭うんだ」と報道陣の前で嘆き、事故２週間後には、「メキシコ湾は広大だ。海全体の水の量に比べれば、流出した石油と分散剤の量など微々たるものだ」と発言。科学者たちが部分的に溶解した原油が海中を浮遊する様子を捉え、責任を追及するも、「汚染物質などない。科学者はおかしい」と反論し続けました。

また、国内では１９８４年に寄稿された「わが国大企業の中間管理者とその昇進」が、興味深い結果を紹介しています。

この論文は、日本電気（ＮＥＣ）、日立製作所、東芝、三井物産、三菱商事、日商岩井（現・双日）などの40代の社員、計１４７０人を対象にしたもので、「責任感や几帳面さは、マイナスに作用する」という結果が示されているのです。

そして、やはりここでも「部課長までの昇進には、学歴と早い時期での評価が圧倒的に重要である」ことがわかっています。

これらはお国も違えば、時代も違う論文ですが、人間の本質は国籍や時代で変わるものではありません。つまり〝今〟も先に示された要因が出世に影響していると考えられます。

だいたい責任感が強くて部下の失敗を背負ってしまえば、その時点で昇進にはマイナスだし、責任感が強く自分に厳しい人は他人にも厳しくなりがちなので、その実直さが周りとの関係を悪化させる原因にもなる。

結局のところ、「失敗したらどうする？ 責任とれるのか？」が口癖で、失敗はないけど成功もない。そんな人畜無害（企業無害？）な人ほど、権力者に好まれ引き上げられ、理不尽な人事が繰り返されていくのです。

同期との給料100円差がなぜ堪(こた)えるか

以前、『左遷論』（中公新書）の著者、楠木新氏と対談したときに、「組織では不本意な人事異動を受け入れざるを得ないから、左遷という言葉を使うんですよ」とおっしゃっていました。

その前提にあるのは「会社が同質的なメンバーの共同体」だからだと。

「同期より自分の役職が上か下かとか、給料の差とか……。1年上の先輩と給料が2万円違っていても気にならないけど、同期より100円少ないだけで、ものすごく落ち込んだりするのがサラリーマン」(楠木氏談)

サラリーマンというのは、なんとも因果な商売です。「左遷」という言葉は、裏を返せば「オレは負け組ではない」という理不尽な人事への密かな抵抗なのかもしれません。

負け組になりたくない50代

「私は今、51歳です。20年後には70代。そう思った途端、やたらと将来にリアリティが出てしまって、なんか不安になってきちゃったんです。30歳のときに考えていたほど給料は上がりませんでした。でも、生活に困っているわけではない。この『今は困っていない』という状況が、私の不安を掻き立てるんです。先日、ローンの残高を調べたら唖然(あぜん)としちゃいまして。70歳になったときに今のような生活ができるのだろうか？　年金は？　社会保障は？　預金は足りるのか？　と不安なんです」

こう話すのは大手広告代理店勤務の課長職の男性です。出世競争に敗れた男性たちを待ち構えるのは、役職定年。

それを3年後に控えた彼の語りは、魑魅魍魎（ちみもうりょう）の現代社会で彷徨（さまよ）う、ビジネスマンの生きづらさであふれていました。

「知人が被災地でボランティアをしているうちに『価値観が変わった』と退社し、今は得意だった英語を生かして、子どもたちに教えています。収入は学生のバイト並みです。

ところが、彼は生活には困らないと言うんです。郊外に引っ越し、築50年の一軒家を家賃8万で借りて、生活費は月10万円程度。世の中、なんやかんやいってデフレだから、十分やっていけると。

それで彼に言われてしまった。『負け組になりたくないって思うから、将来が不安になるんだよ』って。自分の価値観だけを頼りに生きていけば、頑張った分だけ満足感を得られるし、ちゃんと報われるんだよ、って。

彼の話を聞いているうちに、私は自分がわからなくなった。いい顔をしてる彼をうらやましいと思う半面、私には彼のように達観できる自信もない。ただ、どこかで自分も価値観を変える必要がある、という確信だけはできた。ところが困ったことにどう変えればいいかがわからないんです」

負け組になりたくない――。

刺さる言葉です。

負け組・勝ち組というラベリングには意味がないと思っている人でさえ、結局のところ、「勝ち組のギリギリのところでいいから勝ち組でいたい」というのがホンネなんじゃないでしょうか。

ギリギリのところでいいから勝ち組でいたい

ひとつ興味深い心理実験を紹介しましょう。

① あなたの年収は5万ドル、あなた以外の人たちの年収は2万5０００ドル

② あなたの年収は10万ドル、あなた以外の人たちの年収は25万ドル

この2つの環境があるとしたならば、あなたはどちらを選びますか?

もし、人にとってお金が「絶対的な価値」をもつものであれば、「年収5万ドル」の①よりも、その2倍の年収を稼げる②のほうを選ぶはずです。

ところが、1990年代後半に経済学者であるサラ・ソルニック(米バーモント大学経済学部アソシエイトプロフェッサー)と、デービッド・ヘメンウェイ(米ハーバード大学公衆衛生大学院教授)の2人が、ハーバード大学の大学院生と教員たちにこの2つの質問を投げかける実験を行ったところ、対象者の56%が①のほうを選択した。そうです。半数以上の人たちが「年収10万ドル」より「年収5万ドル」がいいと答えたのです。

「たくさん稼ぐ」より「周囲より稼ぐ」を人は好む

つまり、お金の価値を決めるのは絶対的な金額ではなく、相対的な金額であり、「いくら稼ぐか」ではなく「周囲より稼ぐ」ことを人は好むことがわかった(出所:"Is more always better?: A Survey on Positional Concerns," Journal of Economic Behavior and Orgaization)。

○○より裕福、○○より上手い、○○よりマシ……。

私たちはこうやって他者と比較することで、安心を得る。負け組、格差社会、下流老人、老後破綻……。センセーショナルな言葉が流行れば流行るほど、相対的価値に翻弄され、「勝ち組のギリギリのとこでいいから勝ち組でいたい」と願う。

勝ち組の下っ端でもいいから、なんとかぶらさがっていたい――。この気持ちこそが人々を不安に陥れ、生きづらくさせているのです。

でも、これほどバカげた価値観があるでしょうか。だって10人いれば10通りの人生があり、市場経済ではお金が絶対的な価値を持とうとも、人にはそれぞれ価値あるものが存在する。

そして、私たちは「自分にとって価値あるもの」のためには、過酷な状況の中でもどうにかして乗り越えようとする、内的な力を秘めています。

自分にとって価値あるものとは何か?

それを決めるのが「境界線（boundaries）」です。

境界線とは、自分の人生にとって重要であることとそうでないことの境目のことで、私たちは境界線の内側にある「自分の人生にとって大切なもの」に対しては、それがそこにあることに感謝し、慈しむことができる。いかなる困難や苦悩に遭遇しても乗り越えようと最善を尽くすことができ、その大切なものが、境界内にちゃんとあり、うまく回っていることで、幸福感は高まっていきます。

境界線の範囲は、人それぞれ。広い人もいれば、狭い人もいる。ある人にとっては政治が入り、ある人にとっては宗教や芸術が入ることもある。ある人にとってはお金や権力が、境界内に存在することもあります。

境界が決める「生きる強さ」

また、人生のステージが変わることで、その境界内にあるものを外に出したり、外から取り込むことが可能です。

例えば、リタイアが迫った人が、それまでは境界内にあった〝有給の仕事〟を外に排除し、代わって〝無給の仕事（ボランティアなど）〟を入れることで、「リタイアしたらどうしよう」というストレスの雨を回避し「これからボランティア活動に最善を尽くそう」と生きるエネルギーを取り戻せるようになります。ボランティアに精を出すことで、幸福感を持続させるのです。

自分の本意ではない環境に身を置くことになっても、他者の評価や社会の価値観ではなく、自分の絶対的価値を信じ、大切なものとそうでないもののすみわけをする。その作業さえ怠らなければ、無用な不安を感じることはありません。不安の反対は安心ではなく、前を向くこと。一歩踏み出すこと。その背中を押すのが境界内の「大切なもの」なのです。

ただし、ひとつだけ条件があります。境界内に、身近な人間関係、社会的活動（＝仕事）、生存に関わる問題という、人が生きていくうえで極めて重要な要因が含まれない限り、生きる力や回復力が発揮されることはありません。

この3つは人間を人間たらしめる大切な要因なのです。

死を目前にした人が挙げる5つの後悔

人生最期の時を過ごす患者たちの緩和ケアに数年携わり、たくさんの人を看取ったオーストラリアのブロニー・ウェアさんは、死を間近に控えた人々が口にした後悔の中で多かった5つの事柄を挙げています（'Top five regrets of the dying' より抜粋）。

1. 他人が自分に期待する人生ではなく、自分自身に正直な人生を生きる勇気があればよかった
2. あれほど働かなければよかった
3. 自分の気持ちを率直に表現するだけの勇気があればよかった
4. もっと友だちづきあいをしておくべきだった
5. もっと幸せな人生を送ればよかった

ウェアさんは最期のときまで人々は、「幸福とは選択の問題だと気付かない」と指摘しま

す。多くの人たちが、古いパターンと習慣にとらわれ、慣れ親しんだことに安住し、変化を恐れるがゆえに「満ち足りている」と自らを偽るというのです。

選択とはまさしく、「自分で自由に決めること」。限られた生活世界で自由を探し出すしなやかさこそが、「自分で自由に決めることができる権利がある」という感覚をもたらし、その自由を放棄したときに、「なんとか勝ち組の下っ端でもいいから、ぶらさがっていたい」などという不毛な感情に固執するのではないでしょうか。

自由というのは0か100かというものじゃないと思うのです。

どんなに「自由に決めることなんてできない。決められたことを、やるだけだ」と嘆きたくなる環境でも、捕らわれの身となって強制労働をさせられているわけじゃない。

ならば少しだけ見方を変え、「自分の自由」を増やしてもいいと思うのです。誰かに認められるため、とか、誰かのために、とか、仕事のために、とかじゃなく、ただただ自分のために。「自由」をたったひとつでも見つけることができれば、「おっ、なんかいいかも……」と少しだけ開放感が得られるのではないでしょうか。

40代を襲う中年キャリアの危機

「上昇停止症候群」――これは精神科医の小此木啓吾氏が、1980年代に『モラトリアム人間を考える』（中公文庫）という本の中で使った言葉です。

上昇停止症候群はエリート街道を歩んできたミドル世代のサラリーマンが、ライバルや後輩に先を越され、自分の昇進の可能性がなくなったときに陥る症状の総称をいいます。

それまで前向きだった人が無気力になったり、自分でも説明できない喪失感が強まったり、何をやるにも自信をなくしたりと、一見うつ傾向に似た症状に襲われるのです。

私たちはキャリアを重ねるなかで、いくつかの壁にぶつかります。

ミドル世代のそれは「中期キャリアの危機」。早い人は30代中盤に、遅い人でも50歳前後までには、誰もが通過する儀式です。

アメリカの組織心理学者エドガー・シャインは、中期キャリアの危機を「気が滅入り、落胆した状態。あるいは、ガソリンが切れた、モチベーションを失った状態であり、彼らは自らの仕事に興奮を得られず、もし経済的に実行可能なら劇的なキャリア転換さえ夢見る時期である」と表現しました。

ミドルになると、

●この会社で自分がどこまで昇進しそうか

●自分がどんな仕事で終わりそうか

といった、組織内での自分の将来像が見えてきます。

すると私たちは無意識に、自分が若い頃に抱いていた野望や期待と現在の自分とのギャップを確かめ、すり合わせ、自分のキャリアの再検討を行います。

この「不安」と「ギャップ」から生じるジレンマが中期キャリアの危機の正体です。

ずっとひとつの組織で生きてきた人のもつ危機

もし、この段階で「おお、いい線いってるなぁ」と納得できれば、すんなりと危機を脱することが可能です。

しかしながら、多くの人たちはキャリア・プラトーと呼ばれるキャリアの高原（plateau）にはまり、それまでの自分を超えられない、伸びしろのない状態に苦悩する。

●これ以上の出世は望めないだろう
●これ以上、自分の能力を伸ばすことはできないだろう
●これ以上、新しい仕事に取り組むことはできないだろう
と〝自信の揺らぎ〟に支配され、次第にその〝揺らぎ〟がある種のコンプレックスに変わり、身動きできなくなってゆくのです。

ひとつの組織で長年生きてきたビジネスマンは、多かれ少なかれ男性特有の〝計算〟をしながら生きてきた人たちです。その〝計算〟が意味をなさなくなったとき、自分が組織に泳がされていただけだったことに気付かされる。

先のシャイン氏はキャリア・プラトーとは閉じ込められた状態で、「他者を非難すること、自分を責めることに疑いを持て」と説きます。

でも、実際にはこれが難しい。疑いをもつ前に、真っ向勝負で挑んでくる若手社員や、前例にとらわれない女性がまぶしくて。これが結構、堪えるわけです。

「オレは、結局組織の中でしか生きられない」——、そんな自分への諦めに気が滅入る。

そして、ドクターにかかる羽目になってゆくのです。

つまり、上昇停止症候群にならないためには、どうにかしてキャリアの「危機」を乗り越える必要があり、その「対処」次第で、キャリア人生後半戦の「自分のカタチ」が決まっていきます。対処には2通りあって、「いい対処」と「悪い対処」に分けることが可能です。

ひとつ目は「次の世代を育み、世話をすることに喜び＝美徳を見出す」対処で、これは豊かな人生につながる、いい対処です。

これを理解しておくのはとても大切なので、〝マンネン課長〟を例に説明しましょう。

マンネン課長を救った１本のメール

〝マンネン課長〟とは数年前にインタビューさせていただいた男性のこと。彼はキャリア・プラトーにはまり、一時期お酒の量が増えるなど、あと一歩で上昇停止症候群になりそうな経験をしていました。

そんな彼が、ドクターの世話にならずにすんだのは、ある「部下」のメールのおかげでした。ある日、部下が顧客とトラブルを起こしたので、彼はかつての自分の人脈を生かしトラブル処理を手伝ったそうです。

幸いトラブルはそれ以上大きくなることもなく、顧客も納得。すると部下から次のようなメールがきたといいます。

「今まで何人もの課長の下で働いてきましたけど、課長ほど親身になってくださる人はいませんでした。私も課長のようなネットワークをもてるように、業務にまい進したいと思います。本当にありがとうございました」

この1通のメールが〝マンネン課長〟のその後を大きく変えました。

「私は部下が自分を褒めてくれたことが素直にうれしかった。ハッと目が覚めたんです。あ、まだ自分にはやることがあるな、と。これまでの職業人生のノウハウを最大限に生かして、部下たちの背中を押すような仕事をすればいいんだと。そのためには、部下が何を考え、何をやっているのかを知ることが大事。それでこんなものを作ることから始めたんです」

「ジジイ」になる人ならない人の違いとは

男性はこう言って1冊のノートを取り出しました。ノートの横軸には月曜日から金曜日までの1週間の日付、縦軸にスタッフ全員の名前が記されていました。「部下たちに、自分から話しかけたかどうかを記録しているんです。一人ひとりに私から話しかける機会を、少なくとも週3回はもとうと思いましてね。私自身、上司から声をかけられると、うれしかったので、まずはそこから始めようと。

で、このノートを広げて机の上に置いて、誰もが見られるようにしておけば、『これって何ですか？』って聞いてくる部下がいる。自分のやっていることを〝見える化〟して部下に見せれば、部下たちが上司になったときの参考になる。私も初めて部下を持ったときに、部下とのコミュニケーションの取り方に苦労しましたから、何かの役に立てばいいなぁと、思っているんです」

彼は「部下のために、部下たちが働きやすい職場を作ろう」と決意することで、キャリアの危機を乗り越えた。自分にはまだやるべきことがある、と。

自分のめざすべき〝山〟が明確になり、プラトーから脱したのです。次の世代を育み、世話をすることに喜びを感じた〝マンネン課長〟。彼がとった行動は、最良の対処です。

彼のようになればその後の人生が豊かになり、どんなに見かけが少々オッサンぽくなっても、決して「ジジイ」になることはありません。

群衆で息をひそめる保身術

一方、もうひとつの悪い対処に手を染めると、たちまち「ジジイ」の道に引き込まれます。

それは「息をひそめる」という対処です。

オーストリアの心理学者で医師でもあるV・E・フランクル氏が、ナチスの収容所における人間の心理の変化を克明に記した名著『夜と霧』に次のような一節があります。

――かくして強制収容所における人間が文字どおり群衆の中に「消えようとする」ことは、環境の暗示によるばかりでなく自分を救おうとする試みでもあったのである。5列の中に「消えていく」ことは囚人がまもなく機械的にすることであったが、「群衆の中に」消えていくということは彼が意識して努めるのであり、それは収容所における保身の最高の掟、すなわち「決して目立つな」ということ、どんな些細なことでも目立って親衛隊員の注意を惹くな、ということに応じているのである――。

自分の意思で行動しても、発言しても、それが何の役にも立たない、それでも、そこで生きるしかないという状況になったとき、〝群衆の中に消えようとする〟。その人間の極限状態での行動をフランクル氏は克明に記していました。

ナチスの収容所の中と「会社」では、深刻さの度合いは全く異なります。でも、そこにいる人の心の在り様に違いはありません。つまり、

「これ以上の出世はない。でもここに至るまでにはそれなりの苦労もあったし、つらいこともあった。せめてこのポジションだけは守りたい。何か失敗して始末書でも書かされて降格になったり、関連会社にでも飛ばされたりしてはたまらない。今のまま、ここで生きるのが最善の策なんだ」——

こんな気持ちにかられたとき、収容所でのフランクルたちのように〝群衆の中に消えてしまおう〟と心が動く。目立たないようにすることで危機から身を守ろうと対処するのです。

権力の傘に隠れる粘土層たちの末路

身をひそめていれば「ひょっとしたら、元上司や同期が出世して引き上げてくれるかもしれない」「ひょっとしたら、病気や不祥事でポストに空席が生じるかもしれない」「ひょっと

したら、女性活躍のように50代を登用する数値目標とか政府が示すかもしれない」――。

ジジイの壁にひっつく「粘土層」は、息をひそめさえすれば、今ある「自分の立場」を守れるという幻想を抱いている。

それがなにひとつ残された人生の助けにはならないというのに。組織で力をもつ人に擦り寄り「権力の傘」に隠れようと画策する。

権力の犬となることで「キャリアの危機を脱した」と勘違いしているのです。

第3章

「偉そうなオジさん」はなぜ存在するのか

見下し行動にひそむ不安

40代を襲う曖昧な不安

「今の会社の社員じゃなくなったとき、世間は今と同じように自分を見てくれるだろうか？ そこがいちばん知りたいんです」

こう語る男性は、大手企業に勤める47歳。誰もが知る有名大学出身です。

10年前ならもうちょっと上に行く予定だった彼のようなエリートたちが、「しがみつくか？ セカンドキャリアに踏み出すか？」の瀬戸際に立たされています。なんせ50歳を過ぎた〝マンネンヒラ〟が、半数を超える時代です。組織のスリム化に伴いヒエラルキー型組織の〝イス〟は確実に減り、マンネンヒラはこの20年間で、8・9ポイントも増加しました（厚労省調べ）。

残された数少ないイスを、大量採用されたバブル世代前後が競い合う時代です。

「いようと思えば65歳までいられる」と安住を求める自分と、「本当にそれでいいのか？」と〝心の定年〟を否定する自分との狭間で苦悩するエリートたちが、真の「自分の市場価値」

を知りたがっているのです。

「課長に昇進するまでは同期の中でも早いほうだったんですけど、下に越されちゃいました。

そりゃ、やりづらいですよ。意識高い系ってヤツです。ホリエモンとかどっかのカリスマ経営者が言ってるようなことばかり言われると、なんかね。ちょっと違うでしょって思うんですけど、仕方がないです。

同期ですか？　部長になったのは2人です。ひとりは『こいつ出世するな』って、最初のオリエンテーションのときに思いました。上手いんですよ、いろいろとね。もうひとりは……、目立たないヤツなんですけどね、上からしたら手堅い感じなんでしょうね。

自分は好き勝手にやってきたんで、上司は使いづらかったと思いますよ。社長賞も2回もらったけど、上に行けば行くほど使い勝手のいいヤツが評価されるのが、日本の組織です。

会社も働かないオジさんに高い給料払う必要はないですけど、年齢で区切るのはおかしい。人材を活かせない経営者が多すぎますよ。

早期退職も一応念頭にはおいてますが、最近はみんな残ってますね。そのほうがいろいろな面で楽ですから。でも、尊敬してた先輩が会社にしがみついてるのを見ると、ああはなりたくないなぁ、と思うわけです。なので自分の価値を見極めたい。自分の価値が知りたいんです」

2009年頃からでしょうか。この男性のように「自分の市場価値への曖昧な不安」を訴える40代が増えてきました。

この年はリーマンショックの余波で企業から解雇される人が増え、前年の年末からは「年越し派遣村」が開設。企業では「希望退職」という名の絶望のリストラが始まり、「役職定年」という窓際族勧告も慣例化し、職場が「肩身の狭い思いをするミドルを量産する」装置に変貌しました。〝エリート〟たちの賞味期限を揺るがす、さまざまな変化が「これでもか！」というくらい勃発したのです。

5年で7割も増えた管理職の死亡率

ミドル世代の厳しい現実は、ある「数字」にも表れています。

なんと「管理職の死亡率が5年で7割も増えた」というのです。

30～59歳の男性の死因および死亡前に就いていた職業のデータなどを、1980年から2005年まで縦断的に解析したところ、いわゆるストレス性の疾患である心筋梗塞や脳卒中で亡くなる人が、管理職および専門職で増えていました。

他の職種で漸減していたのに、管理職と専門職では70%も増加していたのです！

さらに、管理職の自殺率は、1980年から2005年の25年間で、271%も激増していました（元・北里大学医学部公衆衛生学、現・国立国際医療研究センターの和田耕治氏らの研究グループによる調査結果）。

この調査では30～59歳の日本人男性の人口に占める管理職の割合も調べているのですが、1980～2005年の25年間で、8・2%だったのが3・2%と半分未満に減少していました。

人は減る一方で、業務量は増え、リストラ不安は増し、上（＝上司）からも下（＝部下）からも突つかれる。体も心も果てしないストレスにさらされ、おまけに賃金は一向に上がりません。

管理職の死亡率は増えている?

30〜59歳の日本人男性の死亡率

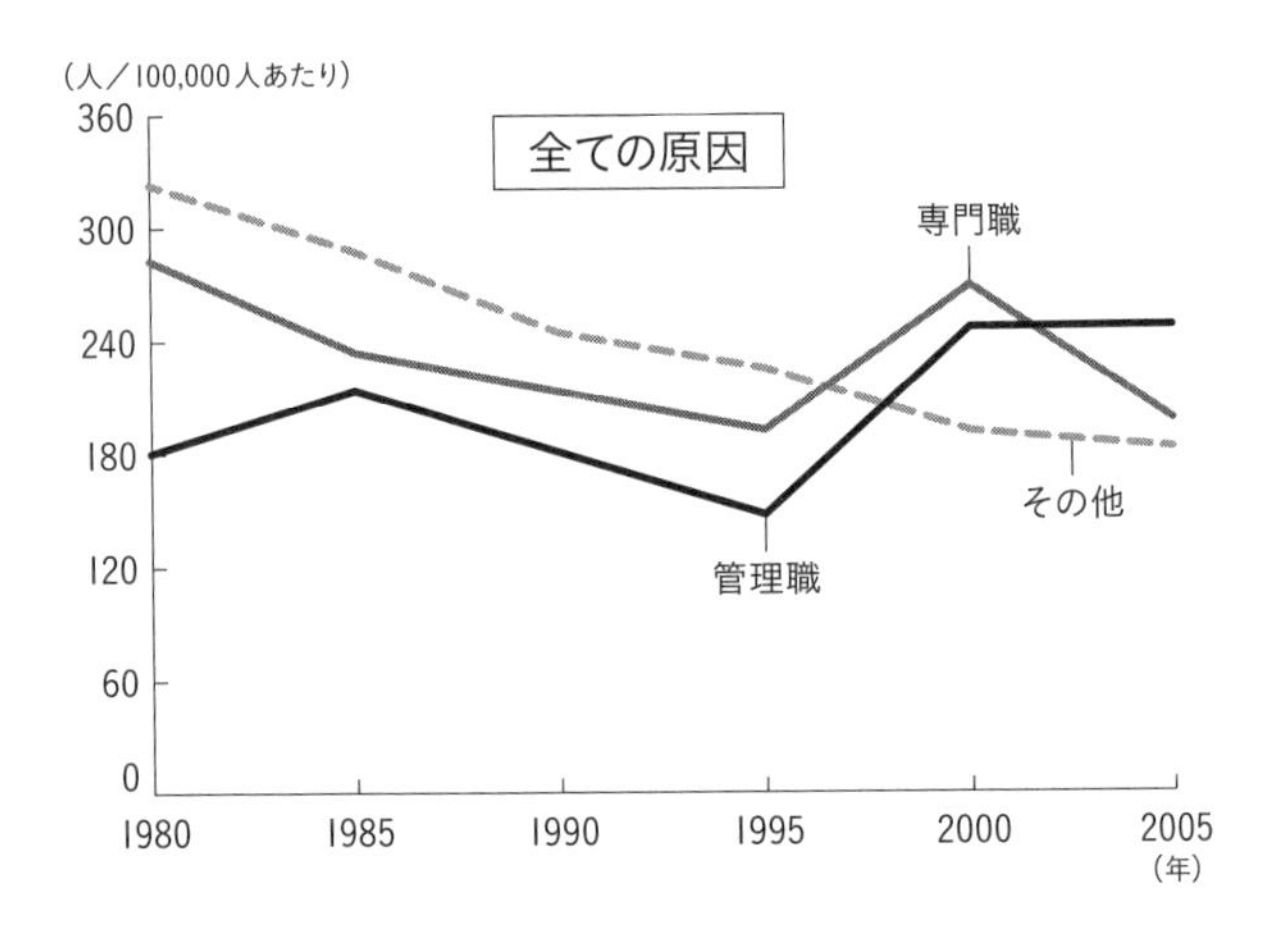

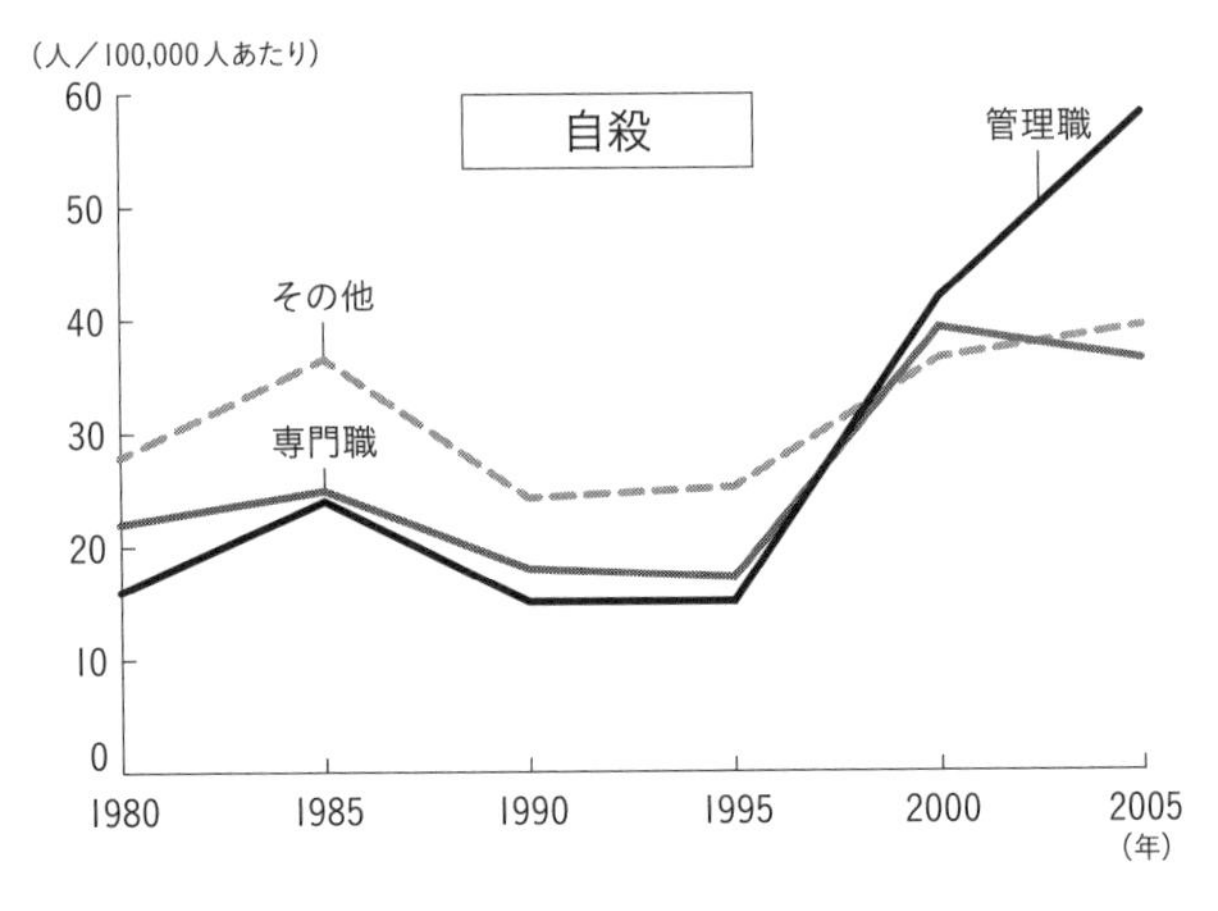

出所:「BMJ」(2012; 344: e1191) 北里大学医学部公衆衛生学(当時)和田耕治氏ら 和訳・編集部

これが平成の〝エリート〟が生きてきた厳しすぎる現実なのです。

元・上司が若手社員の隣で社内清掃?

「ベテラン社員が若手の横で社内清掃」というショッキングな見出しが新聞の紙面を飾ったのは、改正高年齢者雇用安定法の成立後の2012年のこと。

「……大手計測器メーカーのタニタ。東京都板橋区の閑静な住宅街にある本社では、60歳を過ぎたベテラン社員が若手社員らのそばで社内を清掃している」と雇用延長の実態を報じた内容は世の中の男性たちを震撼させました。

「ブイブイ言わせていた上司が……なんだかなぁ」
「カネをもらえりゃいいんじゃないかとも思うけど、正直つらい」
「自分には耐えられないなぁ～」
「だから、そうならなくて済むように、今から備えなきゃなんだよ」etc……

翌年の4月から、「年金受給開始年齢引き上げに伴い、60歳の定年後も希望者全員を65歳まで雇用することを企業に義務付ける」ことが決まっていただけに、世間の関心は高く、瞬く間に記事は拡散されたのです。

自己投資するミドル

そこで「オレの市場価値」を高めたいオジさんたちはがんばった。

自己啓発に勤しみ、リーダーシップ本などビジネス書を買い求め、政治、経済、社会問題まで、ニュースに敏感に反応できるスキルを身につけ、自分の価値を上げるべく投資した。

でも、なぜか自分が思うほど周りから、評価されず腑に落ちない。そこで今度は、それニーチェだ、それアドラーだと、哲学や心理学の本を読みあさり、

「人間にとって必要なことはただひとつ、自分自身に満足するということである」by ニーチェ
「他の人の自分に対する評価は、その人の個人的な意見であり、自分の評価そのものには関係しない」by アドラー

という言葉を胸に、目的をもって強く生きよう、嫌われる勇気を持とう、「真実などない、あるのは解釈だけだ」（ニーチェ）と、勇気を奮い立たせました。

自分より上を行く同期や同級生との関係がギクシャクし、いつ最後のセックスをしたのかも思い出せない微妙な夫婦関係に戸惑い、退職金も年金も減らされた不安満載のミドル世代は、偉人たちの言葉にすがったのです。

しかしながら〝素敵な言葉〟はひとときの清涼剤でしかなく、同期が部長になったと知り気が滅入る。年下が上司となり憂鬱になる。

だって、ホンネはもっと評価されたいんです。負け組にはなりたくないんです。勝ち組の下っ端でいいから、ぶらさがっていたい――。

そこで再び「自分の価値はいかほどなのか？」と、曖昧な不安におそわれるのです。

評価され続けている人、勝ち続けている人、モテ続けている人、カッコよく生き続けている人にあって、章の冒頭の47歳の男性に欠けているモノ。

それはＳＯＣ、Sense Of Coherence。プロローグでもふれたように、直訳すると、「首尾一貫感覚」。平たくいうと、「人生のつじつまを合わせ、困難をやる気に変える力」です。

誰もが認める成功者、勝ち組、レジェンドと呼ばれる人たちは、例外なくＳＯＣが高い。彼らの仕事満足感や人生満足感はとても高く、健康状態も良好で、やる気に満ちあふれています。ＳＯＣには人生を豊かにする力があります。そうです。曖昧な不安を払拭するには、ＳＯＣを高めることが肝心なのです。

成功する男にあるＳＯＣ

ＳＯＣはユダヤ系アメリカ人の健康社会学者アーロン・アントノフスキー博士が、提唱した概念です。

アントノフスキー博士は、健康はいかにして回復し、保持され増進されるのかという観点から研究を進めてきました。ここでの「健康」とは、肉体的にも、精神的にも、そして社会的にも、すべてが満たされた状態です。

極めてストレスフルな出来事や状況に直面しながらも、イキイキと前向きに生きるたくましい人々の中に、アントノフスキー博士はSOCを見出しました。

これまで世界中で行われたSOCの実証研究で、「SOCの高さ」と「職務満足感、人生満足感、心理社会的ウェルビーイング、ワークモチベーション」とは、正の相関が認められています。一方、「SOCの高さ」と「うつ傾向、慢性疾患の罹患率、病欠日数」とは負の相関がある。

SOCの高い人こそが、まさしく豊富なリソースを獲得している人。世の中にあまねく存在するストレスを、そのリソースをうまく使うことで対処し、困難に屈しないばかりか、その経験を成長の糧にしているのです。

アントノフスキー博士のSOC理論は、国内外の多くの研究者たちによりその妥当性が検証されてきました。しかしながら、ほとんどの実証研究が、対象者にアンケートを行い統計的分析を行った量的な調査です。

そこで私は「もっとナマの声が聞きたい」と２００８年、当時各界のトップランナーだった方たちにインタビュー調査を行い検証を試みました（『私が絶望しない理由』プレジデント社）。

調査対象に選んだのは、飛ぶ鳥を落とす勢いだったワタミの渡邉美樹氏、女性経営者のパイオニア・不二ビューティ（たかの友梨ビューティクリニック）のたかの友梨氏、人気局アナから経営者に転身したポピンズコーポレーション代表取締役の中村紀子氏、１９９０年代に東芝をV字回復させたカリスマ経営者の西室泰三氏……など、総勢20名です。

実際にインタビューを行った結果、彼らのＳＯＣは予想どおり高いことがわかりました。彼らの語りから、さまざまなリソースの存在も確かめられました。

ただし、彼らは決して鉄人ではありませんでした。私たちと同じように、傷つき、悩み、自分を見失いそうになりながらも、困難を乗り越えていました。そして、壁を乗り越えるごとに進化し、少しずつ「自分の市場価値」を高めていたのです。

ただ、ひとつだけ残念なのは、そのインタビューから数年後、「ブラック経営者」と世間から批判される人たちが、対象者の中から出てしまったこと。なぜ、SOCの高かった人が「ブラック経営者」と言われるようになってしまったのか？

それは……、リソースの罠にはまったからではないかと私は思います。

彼らのような大成功者でさえ、リソースの罠にはまるリスクを抱えている。

そして、大切な「あるモノ」を見失ったとき、本物のSOCが偽物のSOC、「フェイクSOC」に変わってしまうのです（「あるモノ」については第5章でお話しします）。

実はあなたの周りにも「フェイクSOC」に変わってしまった人たちがいます。人を見下し、バカにする人たちです。でも、本人にはそれがわからない。SOCの高さは自己を俯瞰する力でもあるので、決して気付くことがないのです。

40代を襲う「思秋期」の恐怖

ただでさえ40代は「思秋期」と呼ばれる微妙な年代です。人間にはもともと「アイデンティティ（自己の存在証明、あるいは自分自身は社会の中でこうして生きているんだという実感、存在意義）」を探索する欲求がありますが、40代になるとまるで思春期の頃のように、自分の存在意義に不安を覚え、自分探しを始めることがあります。

20代から30代は、会社の中、あるいは社会人としての自分の居場所探しに全精力を注ぎますが、40代になると自分が何をするために生きているのか？　それはどのような意味があるのか？　と自分に問いかけることが増えていきます。

その不安定な状態から脱したくて、つい自分の存在価値を周りにやたらと誇示したり、権力を振りかざしたり、視野狭窄に陥り、内向きになってゆくのです。

これは、人生の危機です。

ＳＯＣの高い人は、思秋期の危機でさえも「挑戦だ！」と受け止めて乗り越えられる人。彼らは普通であれば目をつむりたくなるような、自分の弱さ、不甲斐なさと正面から向き合い、「自己受容（self acceptance）」する。

自己受容とは、ナルシシズム的な自己愛や過剰な自尊心とは異なり、自分のいいところも悪いところも、しっかりと見つめ、自分と共存しようとする感覚です。

ＳＯＣを作るいくつものリソースのうち、「自己受容」は極めて大切なリソースのひとつです。

私の個人的な感覚では、40代以上で「自己受容」できている人は、例外なくＳＯＣが高い。そして、そういった人たちは決まって上手くストレスを発散し、ストレスのもととなっているストレッサーを退治し、危機を成長につなげていくのです。

ストレス対処がうまい人はＳＯＣが高い

ＳＯＣの高い人は、いかなる危機に遭遇しても、それは「自分に対する挑戦だ」と考え、「どうにかして乗り越えてやる」と踏ん張ります。

しかも、彼らは日常のイライラ事にもうまく対処できるので、ストレスがたまりません。

例えばコンビニの店員さんの手際が悪く、一瞬イラっとしたときでも、彼らは決して怒鳴りつけたり、ぶっきらぼうな態度をとることはありません。

攻撃したり、バカにするのは間違った対処だと瞬時に判断する。そういう態度がさらなるイライラを生み、ストレスが余計に溜まっていくことを知っているのです。

ですから、心の中で「時間かかってるけど、仕方がないか」と諦めたり、「大変そうね」と店員さんに声をかけることで、イライラの対処を試みます。

するると、店員さんのほうから「お待たせして申し訳ないです」なんて具合に謝ってくれ、「いいえ、大丈夫ですよ。がんばってくださいね」と逆に店員さんを励まし、その場を上手く乗り越えてしまうのです。

もちろんときには、つい怒鳴ってしまうこともあるでしょう。人間ですから、仕方がありません。でも、そういったときでも彼らは即座に反省し、素直に自分の行為を謝罪します。ＳＯＣの高い人は、「かわいげのある人」。実に人間臭く、失敗もするけど、終わってみれば「あんなこともあったね」と、周りの人たちと語り合えるしなやかさを秘めているのです。

欧米で行われた10年間の追跡調査では、ＳＯＣの高い人は低い人に比べて10年後の精神健康が良好であることが確かめられています。ストレスにそのつどうまく対処するので、ストレスが溜まることが少ない分、心も身体も健康でいられるのです。

SOCを高めるには、たくさんのリソースを手に入れる必要があります。あらゆるストレッサーに抗うためのリソースです。

ところがやっかいなことに、リソースの中には、他者を攻撃する刃と化すものも存在しているので、使い方に十分気をつけなければなりません。

その中のひとつが、「社会的評価」です。

これまでにも「属性」や「役職」に固執するあまり、横暴な言動をとるジジイをお話ししてきましたが、それがエスカレートすると〝事件〟に発展することも。

その恐さを教えてくれたのが、ある新聞記者です。

罵倒Twitter事件を起こした地位に溺れる男

ここに紹介するのもはばかられるような、見るに堪えない文言をTwitterで送り続けたある新聞社の編集幹部が、処分された事件のこと、覚えていますか？

2015年の、「勤労感謝の日」の出来事でした。

この事件はある地方紙の部長職を務める社員が、特定の弁護士を中傷する書き込みを、

Twitterでしていたもので、弁護士以外の人に対しても「速く死ね！　今死ね！」などといった暴言を繰り返していました。

当初、被害に遭った弁護士は「不確かな情報を流すのはやめてください」「まぁ、兎も角、私のケータイに電話をかけてきて下さい」などと穏便に抗議していたのですが、〝匿名の主〟はさらなる暴言を連呼。書き込みは収まるどころか加熱する一方でした。

その中傷の傍若無人さはネット上でも話題になり、その投稿主の身元を特定するような情報があがってきました。そこで、弁護士が新聞社に確認したところ、本人は投稿を認め慌てて謝罪したという事件でした。

ちなみに、この部長が発表した謝罪文には、アルコールを飲んでツイートをしていた際、弁護士が自分に関するツイートをしていたことに腹を立てて、彼を侮辱するツイートをしてしまったと書かれていました。

謝罪の後、事態を重くみた会社は投稿主を異動させたことを報告しました。

社会的地位＝自己の価値、のウソ

この男性のとった言動は、見事なまでに私がここで書き綴ってきたことを〝再現〟してくれています。

- 面識のない人に暴言を吐く、中高年のビジネスマン
- ストレスが溜まっている、自称〝エリート〟
- 所属先の社会的評価＝自己の価値、という勘違い
- 自己受容できていない

彼は「新聞社の部長」という肩書きに溺れていたのではないでしょうか。こんな人が地方紙の編集幹部だったとは。

おまけに、身元がバレた途端、慌てて謝罪するとは。

「社会的地位＝自己の価値」と勘違いした人は、まるで子どものように自己中心的な感情だ

けの幼稚な人間に成り下がります。

そして、何よりも注目すべきは、本人が「飲酒や職場のストレスから書き込んだ」と述べている点です。つまり、この男性はストレスに対処できてない。ストレスに対処する力としての「ＳＯＣ」が、全く機能していないのではないでしょうか。

なぜ自己紹介で会社名を言うのか

このような事件が起きると、あたかも「特別な人が起こした特別な事件」と受け止められがちですが、私はそうは思いません。

つまり、誰もが起こす可能性があるのではないか、と。ちょっとしたきっかけで一線を踏み越え、泥沼にはまっていくのではないか、と。

例えばビジネスシーンであれば当たり前の風景ですが、プライベートでも……、

「○●会社の山田太郎です」

「△▲大学の山田花子です」

「ＩＴ関連の会社で、〇〇を担当してる日本一郎です」
「▲▲会社から昨年独立して、小さな会社をやってる日本梅子です」
といった具合に、「肩書き」で自己紹介する人の多さに驚かされることがあります。

私は完全無欠のフリーランスで、所属している集団もなければ、役職もないので「自己紹介して」と言われると、ホントに困る。
「私は……河合薫と申します」――。これ以上、何を自己紹介すればいいのか、わからないのです。

最近はかなり図々しくなり、「フリーターです！」と明るく言い放ち、笑いを取れるようになりましたが、やっぱりイヤ。自分が何者かが伝わった感じがしない、アノ独特の〝空気感〟がたまらなく嫌いなのです。

とりわけ、誰もが知る大企業や一流と呼ばれる社会的評価の高い企業に勤めている人、人気のある職種に就いている人ほど、自分が「所属する集団」を明確に伝えたがります。彼らは肩書きで、他者のまなざしが変わることを経験的に知っているのです。

人は、社会的地位の高い人に自分を合わせている

興味深い研究があります。アメリカの人気司会者ラリー・キングがホスト役を務めた、人気テレビ番組「ラリー・キング・ライブ」を舞台とした調査です。番組にはリチャード・M・ニクソン元大統領、旧ソ連のミハイル・ゴルバチョフ元大統領はじめ、ビル・クリントン、マーガレット・サッチャーといった世界中の政治家から、マドンナ、アル・パチーノ、トム・クルーズなど名だたる著名人が出演していました。

コミュニケーション研究では、「人は無意識に声の調子や話し方を、権力や権威を持つ人に近づける傾向がある」とされていました。そうすることで、相手に「身近な存在、安心できる存在」と認識してもらうためです。

それを試すために、「ラリー・キング・ライブ」でのインタビューを分析したのです。

その結果、司会者のラリー・キングは、社会的地位と名声のある人物（例えば、ビル・クリントン、ジョージ・ブッシュ、バーバラ・ストライサンド）がゲストのときには、相手に

合わせて声の調子を変えていることがわかりました。一方、著名であってもそこまで社会的地位が高くないゲスト（例えば、ダン・クエール、スパイク・リー、ジュリー・アンドリュース）のときには、キングに変化はなく、むしろゲストたちがキングに合わせて声の調子を変えていたのです。

肩書きがいいだけで「背が高い」と思われやすい

また、「肩書き」の効果を試す実験では、高名な肩書きを持っていると、身長が実際よりも高く知覚されることがわかりました。

オーストラリアの大学生5クラスを対象に行ったこの実験は、ある男性を「イギリスのケンブリッジ大学からきた人だ」と紹介するのに、クラスごとに「男性の地位」を変えてみました。

ひとつ目のクラスでは「学生」とし、2つ目のクラスでは「実験助手」、その他は各々「講師」「准教授」「教授」としたのです。

そして、男性が部屋から出て行ったあとに、各クラスの学生に「彼の身長」を推測してもらいました。その結果、地位が上がるごとに同じ人物（男性）の身長が平均1・5センチずつ高く知覚されることが判明したのです。

「肩書き」だけで大きいと感じてしまうだなんて、私たちが考える以上に「肩書き」の威力は強いのかもしれません。

いずれにせよ「○×会社の山田太郎です」と名乗れば、世間は「○×会社なんて、すごい！」と評価する。

だからこそ、大企業、一流企業、進学校、お嬢さん学校、お坊ちゃん学校、イケてる職業……、そんないわゆる「社会的地位」の高い会社、学校、肩書きをもっている人ほど、「属性」を語りたがる傾向がある。人間の基本的な欲求（承認の欲求）が満たされ、ものすご～く気持ちがいいのです。

社会的評価はやがて魔物になる

とはいえ、属性は人をカタチどる、とても大切なモノ。ですから、肩書きを名乗ること自体は、決して悪いことではありません。

そもそもインチキして手に入れたわけではないし、自分の所属を語り信頼を得るのは、極めて大切な行為です。使えるモノはどんどん使って、おおいに結構です。

それに、「社会的評価の高い集団への帰属」は、SOCを高める大切な「リソースのひ・と・つ」です。世界各国で行われた調査でも、私が国内のホワイトカラー1000人を対象に行った調査でも、「SOC」と「社会的評価」には、強い関連性が認められています。

また、収入、学歴、住環境などの社会経済的地位（socioeconomic status）も社会的評価同様、SOCを高めるリソースです。

しかしながら、社会的評価の高い集団のメンバーではなくても、SOCの高い人はいるし、貧困でも学歴が低くてもSOCの高い人はいる。つまり、何度もお話ししている通り、SOCを高めるリソースはひとつではないのです。と同時に、どんなリソースを手に入れても使い方を間違うと、フェイクSOCの持ち主に成り下がります。とりわけ社会の中でその集団がもち得る名声（＝社会的評価）は、魔物中の魔物です。危険なリソースの王様といっても過言ではありません。

Twitter罵倒事件を起こした「元・部長」もその魔物に取り憑かれたひとりだと思います。

逆説的にいえば、社会的評価というリソースを手にした人たちの誰もが、彼のような事件を起こすリスクを抱えているのです。

ダメな大人は、ストレスを言い訳にする

奇しくも、この事件が起きたのは11月23日の「勤労感謝の日」でした。かつて、リチャード・M・ニクソン氏はこの日（労働記念日）に次のようなメッセージを残しました。

「労働はそれだけで善であり、男も女も働くという行為のおかげで、よりすぐれた人物になる」と。

「属性は人をカタチどるとても大切なモノ」と書きましたが、正確には、「仕事こそが人のカタチ」を決めます。

どんな仕事にも大切にすべき有形無形の〝道具〟があり、新聞社のそれは、〝活字〟です。その新聞社に勤める50歳を過ぎた人間が、活字で人を罵倒するだなんて。

彼は30年もの新聞記者生活で、仕事とどう向き合ってきたのでしょうか？　どんな〝道具〟を大切にしているのでしょうか？

考えれば考えるほど、情けなくなります。

そして、アナタは仕事とどう向き合っていますか？　アナタの〝道具〟は何ですか？　その道具を、大切にしているでしょうか？

音を立てないウエイトレス

「クソッタレの世の中は実にひどい。この国もクソくらえさ。だけどナ、消防士っていうのは、本物の何かをやっているんだ。火を消し、赤ん坊を抱えて飛び出し、死にかけたヤツに口うつしの生き返りをする。いい加減じゃダメだ。本物の相手だ。オレにはそういうのが夢なんだ」

これは今から40年以上前に行われたインタビューで、ある消防士が「自分の仕事」について語った言葉です。

インタビュアーは、スタッズ・ターケル。さまざまな職業を経て、ラジオ・パーソナリティーやテレビ番組のホストとして活躍し、後に「オーラル・ヒストリー」と呼ばれる独自のインタビューのスタイルを確立していった人物です。

ターケルは、ヒッピーが登場し若者が働かなくなったアメリカで、115の職業、133人の普通の人々にインタビューし、'Working!'（邦訳『仕事！』1983年、晶文社）という1冊の本にまとめました。

働く普通の人たちの「語り」だけで構成されているこの本は、読み手によって立ち止まる場所が変わり、自分のそのときの心の状態によっても受け止め方が変わる、芸術的な書籍です。

そして、読んだ人の誰もが「仕事って、何なんだろう？　ホント、仕事って何？」と考えさせられる。それでも次の日になればその問いの答えを置き去りにしたまま働き続けます。その人間の深くて浅い思考特性も、この本には実にリアルに描かれていました。

ターケル自身の思いが語られているのは前書きだけで、「これは仕事についての本である」という文言で始まっています。その前書きの最後で、ターケルは、「消防士トム・パトリックの言葉がこの本の最後の締めくくりになっているが、この前書きの結論にもなるだろう」と記し、件の言葉を引用しました。

前書きには次のような、胸にドンと突きささる一節も書かれています。

「語ってくれた人の中には、自分の日々の仕事に魅力を発見しているしあわせなものがいた。そこには仕事そのものというよりはむしろ、その人の人柄が感じられた。何よりも彼らに共通していたのは、賃金以上の、それを超える立派な仕事をしようとする意思だ。

その1人が消防士トム・パトリックであり、高級レストランのウエイトレスのつらさを克明に描写したドロレス・ダンテだった。

彼女（＝ダンテ）は高級レストランに来るお客たちが、ウエイトレスである彼女に向ける〝まなざし〟に我慢できない。その屈辱を我慢できないから余計に、つらさが増す。それでも彼女が毎晩無事にウエイトレスの仕事を務め上げられるのは、自分の腕に誇りを持っているからだ。

彼女は言う、『皿をテーブルに置く時、音ひとつたてないわよ。グラスひとつでもちゃんと置きたいのよ。客にどうしてウエイトレスなんてやってんだって聞かれたときには、〝あんた私の給仕をうけるのにふさわしいって思ってないのですか？〟って、逆に聞いてやるのよ』と」

おそらく「仕事」というのはこういうことだと思うわけです。「自分が自分たる存在になるため」の大切な手段だ、と。

「労働はそれだけで善であり、男も女も働くという行為のおかげで、よりすぐれた人物になる」――。

いいえ、違います。「労働」はちゃんとやって、初めて「善」となる。「立派な仕事をしようとする心」があって初めて「よりすぐれた人物」になる。

属性や肩書きは、他者の目を惑わす幻です。それに溺れることなく、「山田太郎」というひとりの人間としてちゃんとやる。自分が大切にしている〝道具〟を忘れることなく、いくつになっても、どんなに偉くなっても、きちんと仕事と向き合う。ダンテが皿やグラスを大切にしたように、です。

そのくり返しで「仕事が自分のカタチ」になってゆくのです。

「40代以上で〝自己受容〟ができている人は、例外なくSOCが高い」と書きましたが、彼らは「自分がそこにいる意味」を常に自問している人でした。

「私がここにいる意味を見失わない」ために、無心で目の前の仕事を、自分の〝道具〟でやりきる。その愚直さが、彼らを支えているのです。

第4章

女をバカにする男たち

組織にみる性差のジレンマ

窓際に追いやられたカリスマ社員

自分を守るために「ジジイの壁」に身を委ねる人々の精神構造は実に幼稚で、野蛮です。ジジイの得意技は、ヨイショにごますり……、それに加えて〝嫉妬〟です。

「僕たちの年代の多くは、A氏に憧れてこの会社に入りました。僕もあんな仕事をしてみたい、世の中に大旋風を巻き起こしたい、そんな青い考えで入社したんです。ところが、そのA氏が晩年〝窓際〟に追いやられた。嫉妬にはめられたんです。男の嫉妬は、ホントに醜いです」

これはある製造関係の会社に勤める男性の会社で起きた、〝リアル事件〟です。

A氏は部下たちから「伝説の男」としてリスペクトを集めていました。A氏の言葉に誰もが耳を傾け、彼のまねをした。そういった部下たちの態度も、A氏が周りから嫉妬される原因になっていたのでしょう。

彼に憧れて入社を希望する学生までいたのですから、Ａ氏は会社から好待遇を受けてしかるべきです。

ところがＡ氏の上司たちは「Ａ氏だけに頼ってたんじゃ組織はダメになる。もっとバランスをとって、いろんな人にチャンスを与えなくちゃ」を合言葉に、Ａ氏が出す企画をことごとく否定し、阻止しました。

アピールする業績のない「ジジイ」たちは、嫉妬心を〝組織の論理〟という言語明瞭意味不明な言葉に置き換え、挙げ句の果てに窓際までＡ氏を追いやったのです。

「サラリーマン社会で大切なのは、何をやったかじゃないんです。ラインの上司にどれだけ好かれるかが大事。ゴルフやって、カラオケ行って……。悲しいけど、これが現実なんです」

男性はため息混じりにこう話していました。

「正義」という名のエンビー型嫉妬

有能な部下をつぶした上司や同僚たちの未熟な嫉妬心は、「エンビー型嫉妬」と呼ばれています。

嫉妬の対象となっている他者を引きずり下ろすことで、自分の優位性を守ろうとする、愚かで「しょーもない」感情です。

成功者が些細な失敗やスキャンダルで転落していくのを密かに喜んだり、「他人の不幸は蜜の味」という気持ちも、エンビー型の嫉妬です。

「評価」が嫉妬を連れてくる

嫉妬という感情がなぜ、わくのか？　それは昔から多くの研究者の興味の的でした。なかでもアメリカの社会心理学者のエイブラハム・テッサー博士が行った心理実験は、かなり話題となりました。

実験では友人同士でペアを作り、互いにヒントを出し合って、それに基づいて答えを当てるというテストを実施。その際「評価」の有無で行動に変化があるかどうかを調べました。

その結果、

①　テストの結果で個人を評価すると告知する↓　友人に、難しいヒントを出す傾向が高

「窓際に追いやられる部下」はどう決まるか

自己評価維持過程のモデルにおける
親密さ・パフォーマンス・関連性要因の関係
(Tesser & Campbell, 1982)

親密さ

他者のパフォーマンスが
自分より高い時

- 関連性（有）→
親密さの減少（比較過程）
▶▶▶ **窓際へ＝嫉妬**
- 関連性（無）→
親密さの増大（威光過程）
▶▶▶ **部下を誇りに思う**

関連性

親密さが高い時

- 他者のパフォーマンス
＞自分のパフォーマンス
→関連性（減少）（比較過程）
▶▶▶ **窓際へ＝嫉妬**
- 他者のパフォーマンス
＜自分のパフォーマンス
→関連性（増大）（比較過程）
▶▶▶ **部下を誇りに思う**

自己評価維持
（自己評価を最大にするという仮定）

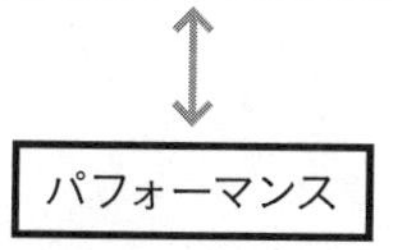

パフォーマンス

親密さが高い時

出所：遠藤辰雄、井上祥治、蘭千壽著『セルフ・エスティームの心理学』（ナカニシヤ出版）より著者アレンジ

まる

② 何も告知しない↓ 友人に、回答につながるやさしいヒントを出すようになるなど、人間のさもしさが明るみになったのです。

つまり、「評価される」という基準が加わるだけで、「友人の好成績を自己評価への脅威と無意識に判断する」という悪魔が顔を出し、これがエンビー型の嫉妬につながっていくのです。

テッサー博士はこの結果を「人はポジティブな自己評価を維持しようと動機づけられる」とし、「他者との心理的近さ、遂行能力、課題との関連性」によって行動様式が変わる〝自己評価維持モデル〟を提唱。前ページの図のようなプロセスで、有能な部下を「窓際に追いやるか」「誇りに思うか」が決まっていきます。

「あの人、モノは作れても管理能力ないし」の背景

他人を羨むおぞましい感情である「嫉妬」は、特別な人にだけ宿るものではありません。「オレは嫉妬なんてしない！」と豪語する人にも、嫉妬心は存在します。でも、それを人は認めたくない。だからこそ人は嫉妬という感情を抱いたとき、それを恥ずかしいと感じ、「正義」を振りかざすことで嫉妬心を隠そうと画策するのです。

例えば、先のA氏のように成功した人に対して、

●「だってあの人、モノは作れても管理能力ないもんね」
●「だってあの人、過去の栄光だけで生きてきたでしょ」
●「だってあの人、組織人としてはダメな人だったじゃない」

といった具合にあれこれ屁理屈をつけ、「出世させなかった」組織（上司）を肯定する。

その裏には、

●「自分のほうが、管理能力が高い」
●「自分のほうが、今も頑張っている」

●「自分のほうが、組織人として勝っている」
といった平均以上効果が存在しています。

平均以上効果――。第2章でお話ししたとおり、自分を「平均以下」と評する人はごくまれで、大抵は自己評価を高く見積もっています。このちょっとだけ高い「自己評価」を守るために、デキる他者を貶め自尊心と自己愛を守ろうとするのです。

一流アスリートがもつ、いい嫉妬

ただ、嫉妬は嫉妬でも、いい嫉妬、もあります。

エンビー型嫉妬に対し、こちらは「ジェラシー型嫉妬」と呼ばれています。ジェラシー型嫉妬は「あの人のようになりたい」「あの人には負けたくない」と競争心理をかき立てます。「危機は自分への挑戦だ！」と捉えるSOCの高い人は、ジェラシー型嫉妬をバネに切磋琢磨する。「もっと自分の能力を伸ばそう！　相手を超えよう」と嫉妬心をモチベーションに変換し、成長していくのです。

エンビー型嫉妬に固執した人の末路が悲惨であるのに対し、ジェラシー型嫉妬をエンジンにした人の行動は、新たなリソースの獲得につながります。

それは「自己効力感」です。

自己効力感とは、「自分にはできる」といった自己の行動に対する確信で、プレッシャーや厳しい状況への対処に役立ちます。

よくスポーツ選手が「自分のベストを尽くすだけです」「自分のこれまでやってきたことを発揮します」「自分が納得できる演技をめざします」という言葉を発しますが、彼らには、厳しい練習に耐えてきたという自負があり、わざと公言することで「自分にはできる」という確信を高めているのです。

実際、一流スポーツ選手の多くはジェラシー型嫉妬が強く、モチベーションを維持するのに役立っていることがわかっています。

そして、期待した結果が出ればそれが自信につながり、仮に期待した結果が出なくとも「まだまだ努力が足りない。次に向けて頑張ろう」と自分の課題として処理することが可能です。

一方、〝偽・一流スポーツ選手〟はエンビー型嫉妬に翻弄され、とんでもない事件を引き起こします。「ナンシー・ケリガン襲撃事件」が、その代表例です。

1994年1月6日、リレハンメルオリンピックの選考会となる全米選手権の会場で、練習を終えたナンシー・ケリガン選手が何者かに襲われる事件が発生しました。ケリガンは膝を殴打され怪我を負い全米選手権を欠場。彼女のライバルとされていたトーニャ・ハーディングが優勝しました。

事件発生から2週間後、ハーディングの元夫らが逮捕され、ハーディングが指示していたことが発覚。彼女は禁固刑は逃れたものの、その後は「スキャンダラスな有名人」「お騒がせな存在」として転落した人生を送っています。

ハーディングがそうだったように、エンビー型嫉妬は自分の末路にも悪影響を及ぼす、究極のネガティブな感情です。しかもその威力は手強く、実に巧みに、ちょっとした心の隙間に入り込みます。

「勝ち組の下っ端でもいいから、ぶらさがっていたい！」なんて気持ちが1％でもある人は、気をつけなくてはなりません。嫉妬心を煽る相手は、部下や同僚だけではないのです。

そのリアルを告白してくれたのが、第2秘書室のメンバーです。

夫にキレる妻VS妻に嫉妬する夫

チヒロさん、50歳。メンバーの中でもっともキャリア志向が強く、夫あり、子どもありの、社内でも一目置かれる〝ハイスペック〟部長です。

職場で鍛えられた彼女のまなざしは、〝夫〟の一挙一動も克明に捉えます。彼女いわく、「夫が自分に嫉妬してる」のだと。

では、さっそくチヒロさんが明かした「ウチの夫」話を聞いてみましょう。

チヒロ「ウチの夫、なんでこの人、こんな魅力ない人になっちゃったんだろうって感じで。こっちに負のオーラが伝染するんじゃないかっていうくらい、冴えない男になってしまいました」

カワイ「(苦笑)なにかきっかけがあったんですか?」

チヒロ「昇進です。私が人事部長に昇進してから、同期や会社の悪口を、辛辣な口調で言うようになった。最悪だったのは『うちの会社も、結構なポジションを女性枠にしてんだよな～』ってぼやいたことです。うちの会社『も』ってひどくないですか? 明らかにワタシに対する当てつけです。嫉妬してるんです。自分の女房に嫉妬するなんて、情けなくてド突いてやろうかと思いました」

カワイ「は、はげしいですね……(冷汗)」

チヒロ「私がいちばんムカついてるのは、散々嫉妬した挙げ句、二言目にはセカンドライフ、セカンドライフと言うことなんです。こっちは部長になってこれからだと思ってるのに、夫は役職定年のことしか頭にない。夫はプライドが傷つくのが恐くて、将来に逃避する。昔は『3高(高学歴、高収入、高身長)』だったのに、今は野心ナシ、欲望ナシ、危機感ナシの

『3ナシ男』です！

彼は今まで私の一番の理解者であり、互いに切磋琢磨してきました。なのに、セカンドライフだの『老後どうする？』だの、先の話ばっかりで。うんざりしてます」


夫に嫉妬されムカつくチヒロさんの気持ちもわかりますが、夫からすれば友人の妻の「昇進」なら、「奥さん部長になったんだって？　ゴミ出しくらいしないと、生ゴミの日に捨てられちゃうぞ〜」なんて冗談のひとつやふたつ言えても、我が身となるとつらい。

「よかったな！　お祝いしよう！」と妻を祝福する自分に、「女房に負けてんだぞ〜」とつっこむ自分が茶々を入れ、心の奥底の〝悪魔〟が目覚めてしまったのかもしれません。

夫に「関心がない」妻たち

女性誌の編集に長く携わった編集者によると、「妻たちの夫に対する興味が、破滅的なまでに薄らいでいる」とのこと。夫婦関係の特集はもっぱら不評で、売り上げは通常の半数以下まで落ち込むことも多いそうです。

しかも、40代の女性が「夫に求める」トップ3は……「殴らない」「定職に就く」「やさしい」。まるでどこかの人権宣言みたいです。

夫婦喧嘩は門外漢なので、ちょっと……なのですが、チヒロさんは人事部ならではの興味深いことも教えてくれました。

「夫のようにそこそこエリート街道を歩いてきた人ほど、ラインから外れた途端、後輩の育成をしなくなる。活躍する部下への嫉妬、プライドの高さに加え、自分の評価につながらない後輩育成には興味がないんです」

そして、そういう人は……老害になると言うのです。

「前例がない」を切り札にするジジイたち

SOC＝Sense Of Coherence が欠けている男は「自分の大切なものが脅かされそうな」出来事に遭遇すると、ときに暴言を吐き、ときに群衆の中で息をひそめ、必死で沽券を守ろうとします。
それって「男」だけ？ いえいえ、「女」も同様です。ただ、圧倒的に「男」に多く認められる傾向であることは間違いありません。

これだけ女性たちが社会に進出したとはいえ、日本社会はいまだに〝男社会〟です。私は講演会で企業に呼んでいただくことが多いのですが、対象が管理職だと会場は黒。若手だと半数近く存在する〝紅〟が〝黒〟に埋もれて、探すのが一苦労です。

〝ダボス会議〟で知られる世界経済フォーラム（ＷＥＦ）の「ザ・グローバル・ジェンダー・ギャップ報告書２０１６」（各国の男女格差を比較した報告書）でも、日本の男女格差は１４４カ国中１１１位で、Ｇ７でビリ（前年より10位下落）。10年間、日本は一貫して〝ほぼビリ〟です。

●「国会議員における女性比率」１２２位
●「官民の高位職における女性の比率」１１３位
●「女性の専門的・技術的労働者の比率」１０１位

惨憺たる順位です。

要するに、日本社会は〝男性〟で動いている。いいとか悪いとかではなく、現実としてそうなっているのです。

その「男の楼閣」を脅かす存在に、男たちは敏感に反応します。とりわけ年功序列、終身雇用など、高度成長期のお父さんには当たり前だった制度が崩壊し、「大卒、大企業、管理職」といったエリートの証の賞味期限が切れ、会社のカタチが変わろうとしている今。「異物」は脅威でしかありません。

ＳＯＣの高い人が直面した問題を「どうやって解決すればいいか？」を考え、そのために必要なリソースを動員するのに対し、ＳＯＣの欠けている人は不安や不公平感、不幸感を処理することだけにとらわれがち。

彼らは男たちの暗黙のルールに従おうとしない「女」に、たちまち徒党を組んで抵抗する。「前例がない」「組織の論理がわかっていない」を合言葉に、「パンドラの箱」を開けるのを阻止しようと、必死で醜い幼稚な言動を繰り返す。〝あのとき〟のように、です。

「大年増の厚化粧」発言に込められていたもの

２０１６年の東京都知事選で石原慎太郎氏は、小池百合子候補を「大年増の厚化粧」と揶揄しました。

小池さんといえば、自民党が与党に復帰したときに〝断髪式〟をやるなど、私にとってはどちらかというと〝ジジイ〟的イメージが強かった女性です。ですから最初は「小池か……」と興味を示さない人も少なくありませんでした。ところが、あまりにも自民党がドタバタするので「小池のほうがまだいいかも……」という空気になり、例の「脅し通達」で一気に追い風が吹きました。

「親族が応援した場合でも、除名対象となる」とした、超時代錯誤の自民党東京都支部連合会（都連）の文書です。

その自民党を応援すべく登場したのが、自他ともに認める〝権力者〟の石原元都知事です。ところが、増田寛也候補を応援する決起集会で「大年増の厚化粧がいるんだな。これが困ったもんで、あの人は嘘つきだと思いますね」と攻撃。壇上の男たちも爆笑し、増田氏も笑いました。

メディアはメディアで、

「あの発言は、正直うま味があったのではないですか？」

「あの発言は、ありがたかったのではないですか？」

と繰り返し、アノ有名ジャーナリストでさえ、

「（選挙戦では）厚化粧と呼んだ人がいましたが、『しめた』と思ったんじゃないですか」

と選挙速報後に迫りました。

私は正直なところ、このような男性たちの言動は不愉快でした。

だって、私だってメディアに出るときは、念入りに化粧します。最近は毛穴までテレビに映ってしまうので、本当に大変です。ちょっとでも顔色が悪いと「疲れてない？　大ジョブ？」と心配されてしまうので、たまったもんじゃありません。20代のときにはそんなことは一度もありませんでした。

〝大年増〟になればなるほど、化粧は厚くなって当たり前。というか、オッさんたちが加齢

臭を消すために、人知れず苦労するのと同じなのです。

もし、小池氏が「香水をプンプン臭わせているジジイがいるんですよ。これが困ったもんで、あの人は嘘つきだと思いますよ」と言ったら、男たちは同じような質問を石原氏にするでしょうか？

男たちの〝抵抗〟は、それだけにとどまりませんでした。小池都知事が、オリンピック会場移転に切り込んだとき、権力をもった男たちはことごとく「ノー」を突きつけ、

「今までの経過があるんだよ」

「みんなで話し合ってきたんだよ」

と申し合わせたように結託した。

ジジイとジジイの壁にはりつく粘土層が相俟って、自分たちが築き上げた〝楼閣〟を守ろうとした。

あのときほど、ジジイの壁の厚さを痛感したことはありません。〝ジジイたちの壁〟は厚い。ベルリンの壁よりも厚い。これじゃあ、どんだけ「女性活用」だの「女性活躍」だの狼煙（のろし）をあげたところで、日本が〝ビリ〟から抜け出せるわけがありません。

「女の人って、やっぱり出世しちゃいけないんだと思う」――。こう語るのは第2秘書室の若手、さゆりさんです。

彼女の言葉の真意を探ってみましょう。

ある日突然、手のひらを返す男性社員

さゆり「昨年、女性初の部長が誕生しました。人事部長です。やがては役員昇進が保証されている、超エリートです。待機組を飛び越えての抜擢だったので、役員会議では最初からBさん（＝人事部長）にあからさまに冷たく当たる人がいました。

でも、Bさんはメチャクチャさばけてる人で、そんなこと気にしてる感じではありませんでした。なので、私たちも応援していたんです。Bさんみたいな人が役員になったら、イミフの仕事もなくなると思うし……」

カワイ「イミフ？？？」

さゆり「意味不明ってことです。今って、イミフな仕事ばっかかじゃないですか。上から指示

されたから必死にやってるのに、『それもういいわ』とか言われちゃうし、ノー残業デーなんてのも全くもってイミフです。なんで残業ありきなのか。わけわかりません」

カワイ「何やってるのかイミフな上司多いですし……（笑）」

さゆり「そうなんです。なのでBさんなら会社を変えてくれるって、期待していたんです。ところが、Bさんの活躍をおもしろく思わないオジさんがBさんイジメを始めた。〝ザ・事件〟です」

女性部長は会議で突然、集中砲火を浴びた

カワイ「どんなイジメですか？」

さゆり「会議中に『笑う』んです。Bさんが質問するとヘラヘラして、まともに答えない。最初はBさんも我慢していたんですけど、堪え切れなくなってブチキレた。『私のことバカにしてるんですか？』って言っちゃったんです。

　そしたらオジさんが逆ギレして、容赦ないBさん攻撃が始まりました。Bさんのやってることがいかに稚拙か、いかに無謀かを責めたてて……。しかも、他の人たちまでBさん批判

を始めたんです」

カワイ「一斉に徒党を組んだってことですね」

さゆり「そうです。Bさんは針のむしろでした。Bさん派だった人までイジメに加わったのはショックでした。『女性の管理職が増えれば会社も変わる』ってよく言ってたのに、手のひらを返したようにBさんを責めたてた……。やっぱり女性はエラくなっちゃいけないんです」

不毛な議論をふっかける人の真意とは

さゆりさんは大手保険関連会社勤務の29歳。主に社員教育を担当しています。彼女の課は社長室に属している関係で、役員会議に出席させられていたのです。

会議では本人が考える以上に「その人の人間性と、周囲との関係性」が露呈します。〝人間ウオッチング〟に、最適です。

かくいう私も大学院に合格してから入学までの間の半年間、院生たちの「研究会」で人間ウオッチングを満喫しました。

テクニカルタームが飛び交い、統計的手法に至るまで議論する場は完全にイミフ。仕方がないのでボ～ッとみんなのやり取りを眺めることで、「90分×2」の研究会をやり過ごしていました。

するとあるとき、院生たちの「人間関係」が議論に反映されることに気付いたのです。

例えば、修士1年生のCさんが発言したとします。Cさんが一目置かれた存在だとそれに反論する人もCさんの意見をきちんと解釈したうえで、「何が問題で何が考慮するに値するか?」を、冷静に論理的に意見する。ところが中には、Cさんの発言をことごとく否定する人や、全く無視して自分の意見を言う人がいました。そういった人たちはCさんに好意的な意見が出るほど辛辣な態度で、不毛な議論をふっかける。

とても感情的で、〝攻撃性〟が無防備に露呈する。会議はときに、「議論の場」から「自分の存在意義を示す場」に変わってしまうのです。

「少しは女らしくしろよ」の罵声

実は私がインタビューした女性の中にも、役員会議でいじめられた人がいました。残念なことに、彼女はそれをきっかけに退社。実にもったいないことです。

30年ぶりの女性の執行役員となった彼女は、業界紙に取り上げられたことがきっかけで多くのメディアで注目を集めていました。

そんなある日、外出中に部下から「役員会議に出ないことを社長が激怒してる」との電話があり、彼女は「故意に自分に会議の予定が告げられていなかった」ことを知ります。

彼女の会社では、役員会の1週間前に会議資料が回覧され、判子を押して次に回すというルールが周知されていました。ところが、そのとき彼女の元に資料は届いていなかった。

つまり、飛ばされていたのです。もちろん故意に、です。

仕組んだのは、彼女を長年サポートした上司でした。

彼女は男性上司の裏切りに失望し、ショックを受けます。でも、そんなことで屈するほど、彼女もヤワではありません。「所詮、嫉妬。気にしなくていい」――こう自分に言い聞かせ、〝会議をすっぽかした〟汚名返上とばかりに丹念に準備をし、次の会議に挑みました。

ところが、そこで再び〝事件〟が起きた。彼女が意見したところ「自分の実力を過信するな！」と、ある役員に、突然怒鳴られてしまったのです。

彼女はグッと歯を食いしばりました。「何を言われても、耐えよう」――。必死で自分に言い聞かせ、我慢した。

しかしながら、ある一言で彼女の堪忍袋の緒が切れます。

「少しは女らしくしろよ」――。

なんと会議を知らせなかった元〝応援団長〟に、こう罵声を浴びせられたのです。

「『女のくせに周りを否定ばかりして、どれだけ男性部下たちのプライドを傷つけてるのかわかっているのか』って言われてしまったんです。しかも、周りは無言。むしろ、『よくぞ言ってくれた』って感じで四面楚歌でした。……私はずっと女であることを言い訳にしたくないと思ってやってきました。でも、結局最後は、女……。ええ、女。そう女だった。女であることは私にはどうすることもできない。男たちは〝女である私〟を、排除したかったんです」

彼女は、当時の心境をこう語っていました。

個人として評価するか、女性として評価するか

個人的な話になりますが、ある学術大会の審査員をやらせていただいたときにおもしろいことがありました。その大会で私は、唯一の「女性」審査員でした。

大会が終わったあと、審査員のひとりの男性が私にこう言いました。

「いやぁ、女性をひとり入れた方がいいって前から思ってたんですよ。今回は女性に入ってもらっていい大会になりました」

私は内心「だったら別に私じゃなくてもいいじゃん」――そう思いました。別に私は「女」として審査に挑んだわけでも、「女」として質問したわけでもありません。なのに、彼は「女」という属性で私を語ったのです。

「そんなに気にしなくても」と男性は思われるかもしれませんが、女という属性で括られるのはあまり気持ちのいいものではありません。だいたい私の言動のナニが「女」と区別されるのか？　それがいいことなのか？　悪いことなのか？　自分のことでありながら、自分で

理解できないのが気持ち悪いのです。

ところがその晩、彼の30代の部下からのメールには、次のように書かれていました。

「別件があり、現場に行けず申し訳ありませんでした。他の審査員から聞いたのですが、河合さんの質問は実に的を射ていて、学術大会にふさわしい視点にみんな感服したそうです。審査員は誰でもいいわけではありません。本当に河合さんにお願いしてよかったです。ありがとうございました！」

30代の若者が「河合薫」個人を評価してくれたことで、「あれでよかったのね」と審査員としての役目をきちんと果たせたことに安堵しました。うれしかった。本当にうれしかった。

古株審査員は、誰もが知る「社会的地位の高い大企業の役員」です。

属性で生きる人は、属性で語る。私のモヤモヤは、現場の若い社員の労いで吹き飛びました。

役職に性差が生じるのはなぜか

ここに私がバイブルにしている1冊の本があります。日本語版のタイトルは『企業のなかの男と女』。原タイトルは'Men and Women of the Corporation'。書いたのは、企業コンサルタントとしての経験を持つ、米ハーバード大学院ロザベス・モス・カンター教授です。

1977年に出版されたこの本は、徹底して社会学の基本に忠実な方法論を用いて書かれた1冊で、20世紀初頭からアメリカで活発になっていた「フェミニズム運動」に新たな視点をもたらした名著です。

当時の米国の企業は、管理職は男性、事務職は女性といった具合に、性別分離がきわめて厳格でした。

しかしながら、役職に性差が生じていた理由は、単に「男は仕事、女は家」という古典的性役割意識だけではなく、「女性は管理職に向かない」という常識に起因していました。

「女性社員は責任感が乏しい」「仕事をすぐ辞める」「高い地位に昇ろうという意欲を持たな

い」「女性は感情的に振る舞いがち」。だから「管理職には向かない」というのが定説になっていたのです。

一方、男性は「アグレッシブ」「高い地位を得ようと闘い続ける性癖がある」「冷静な判断力と統率力に長けている」。だからリーダー的地位には「男性が望ましい」。

この「女性の悪い特徴」「男性の良い特徴」は、本当なのか？　それを確かめようと試みたのがカンター教授です。だってカンターが外部コンサルティングを務めていた「インダスコ社」には、ごく少数の女性管理職がいたのです。

「なぜ、彼女たちは〝例外〟だったのか？」その謎を解くためにカンターは、「インダスコ社」のトークン（象徴）としての「女性」の存在に着目し、エスノグラフィー調査を実施。5年という歳月を費やし、徹底的に社会的コンテクストにこだわり、分析しました。

その結果わかったのが、「人は環境で変わる」という健康社会学的結論です。

健康社会学に関する説明が後手になってしまいましたが、健康社会学とは「人と環境の関わりにスポットをあてる学問」です。

心理学が「個」にスポットをあて、「個」が強くなることを目的にするのに対し、健康社会学では「個を強くする環境」をゴールにします。

人は想像以上に環境の影響を受けます。ＳＯＣも、「環境で育まれる力」です。もちろん人が環境を変えることもありますが、人の力ではどうにもならない環境もある。人は社会的文脈の中でかたどられていくのです。

紅一点の女性の難しさ

では、カンター教授の調査結果を、具体的にお話ししましょう。トークンとは「目立つ存在」だと考えてください。いわゆる「少数派」です。

○○●●○●○●○　だと「○」は目立たないけど、

●●●●○●●●●　だと目立ちます。

カンターは、○＝女性、●＝男性とし、「企業のなかの男と女」の日常的な行動様式を詳細に記述し、分析しました。

そこで得られたのが、「0」より「1」の功罪です。

男性だけの集団と1人だけ女性が入っている集団を比べると、後者の集団の方が、（＝女性がゼロ）「女性が聞くに堪えない性的な話題を話す」頻度が増すことが、カンターの5年間にわたる調査で明らかになったというのです。

例えば、女性の前で「あのときのラウンドは……」とゴルフの話題を多くするようになったり、女性がいるにも関わらず〝エッチな話題〟をしたり、「だから女は……」と陰口をたたくようになったり、さらには、紅一点である女性に「男社会」への忠誠心を強要したり……。

男性たちは女性が入ったことで、自分たちが〝男〟という同質な集団だったことに気付き、その一枚岩を壊したくない、壊されたくないという意識が無意識に働き、「男性性」を意識した発言や行動をするようになった。

紅一点の女性は、排除されるか、同化するか、はたまた、屈辱的な扱いをされることに耐えるか。究極の選択を、結託した男たちに迫られていたのです。

スカートをはいたオッサンはなぜ登場するか

ずいぶんと前の話になりますが、小泉内閣のときに田中眞紀子さんが、「自由にやれというから動こうとしたら、誰かがスカートの裾を踏んでいて前に動けない。振り向けば、「進め」と言った本人のような思いがした」と語っていたのを覚えていますか。

自由に〝スカート〟をはき続ければ裾を踏まれ、男性におもねれば〝スカートをはいたオッサン〟になる。

同化を拒んだ眞紀子さんが、男性たちに排除された一方で、同時期に役職を得た女性議員は男性たちと同化しました。

第1次小泉第2次改造内閣のときの「環境大臣」だった、小池さんもそのひとりのように思います。ご本人は否定するかもしれませんが、少なくとも私にはそう見えました。

その小池さんが、〝群（＝崖）〟から飛び降り、「ジジイの壁」に立ち向かった。スカートをはいたオッサんからの脱却です。

ジジイの壁に挑む小池さんの姿は、日々、ジジイたちの言動にうんざりしている私たちにある種の〝期待〟を抱かせました。

「女性リーダーが増えれば、私たちの望む都政が期待できるかも」と。

そして、「女性にもっと活躍してほしい！」「ジジイの壁の崩壊だ！」と、小池都政の未来に光を感じたのです。

しかしながら、カンター教授の5年間にわたるエスノグラフィー調査で導き出された結論は、「男性の多い組織では、どんなに有能な女性が管理職に抜擢されても、それが女性人材全体を活躍に導く突破口には、決してならない」というもの。

小池氏が組織の紅一点であり続ける以上、「女の時代」は前進はおろか後退するかもしれない。まさしく「0」より「1」の悲劇です。

女の優位性は、最初の失敗をするまでの間だけ

とはいえ、「●●●●○●●●●●」のように目立つことは、○＝女性にとって悪いことばかりではありません。

「インダスコ社の上級職、特にセールス部門の女性は、非常に目立つ存在で男性の誰よりも注目を集めていた。

多くの男性は、上司やお客さんに覚えてもらうために、ネクタイの色を派手めにするなど、ありとあらゆる〝覚えてもらう〟努力をしていたが、女性たちは「女」というだけで覚えてもらえた。

営業の上級職の女性が売り上げトップになると社内中に知れ渡ったが、男性がトップになっても話題にならない」（'Men and Women of the Corporation' 邦題『企業のなかの男と女』より）。

トークン（目立つ存在）としての女性は、その存在を認めさせるという意味では、実に有利でした。

でも、それは「最初の失敗をするまで」の間だけ。たった一回でも失敗をすると、男性との関係、服装、髪型、言葉遣いなど、仕事とは全く関係ないゴシップばかりが広がっていき、「そんなことやってるから、失敗するんだ」と言わんばかりの厳しい視線を浴びせられていました。

さらに、トークンは会社の経営陣の男性たちから、利用されることも……。

「ある上級職の女性は、取締役会の会長上層部から、昼食会に出席するように要請された（このとき会の趣旨は教えてもらえなかった）。

会食の当日、副社長が彼女のエスコート役として、彼女を迎えにきた。

彼女は会場に着いて初めて、会食が各社の役員の集まりであることを知った。

しかしながら、彼女の名前は参加者リストにはなく、代わりに男性役員の名前が登録されていたのだ。

インダスコ社の会長は、『わが社には、男性エスコートを付けるほどの、優秀な〝女性〟がいる。そういった女性をわが社では登用している』ということを社内外に、アピールするために彼女を呼んだのだった」（『企業のなかの男と女』より）

つまり、所詮「1」は「1」。「個人」を正当に評価されたわけではなく、マジョリティである「男」が、自分たちの楼閣のガラスのショーケースを見栄えよくするために、「女」を重用したのです。

これは今から40年も前の1970年代に、カンター教授がインダスコ社で見た光景ですが、同じことは日本でも起こりました。

２０１４年1月29日。理化学研究所は多くのマスコミを集め、「ＳＴＡＰ細胞」の記者会見を行いました。

「わが社（＝理化学研究所）には、男性エスコート（＝優秀な男性科学者）を付けるほどの、優秀な〝女性〟がいる。そういった女性をわが社では登用している」

こんな空気をムンムンに感じる会見でした。

〝ガラスのショーケース〟に魅了されたマスコミは、翌朝から割烹着姿の小保方さんを追いかけ、ムーミンのシールが貼られたカラフルな研究室を映し、ハーバードに留学した彼女が、いかに優秀か、いかに将来有望か、いかに研究熱心か、連日放送しまくりました。

男性たちの思惑どおり、日本中が大騒ぎしたのです。しかしながら、小保方さんを「ガラスのショーケース」に飾った彼らは、大切なことを忘れていました。

トークンとしての女性の優位性は、「最初の失敗をするまでの間だけ」ということを。

持ち上げられる〝デキる女〟は、所詮「〇＝トークン」であることを、すっかり忘れていたのです。

賞賛とバッシングが隣り合わせになるとき

トークンとしての女性には、常に羨望のまなざしがつきまとい、それは彼女の一挙手一投足を捉え、ゴシップの格好のネタを探します。

ノーベル賞級の大発見だ！　割烹着だ！　どこそこの指輪だ！　と大騒ぎしたマスコミが行きついたのが、下劣なバッシングの数々です。

不倫だのなんだの、タクシーの運転手の証言だの、芸能人でもなければ、政治家でもない。単なるいち研究者のプライベートを、その真偽もあやふやなまま露骨に書き立て、

これって、倫理的にどうなのよ？

研究者としてどうよ？

と、幾多もの「正義」が世間に飛び交いました。

「シャーデンフロイデ」――。

これはドイツ語で「欠損のある喜び」「恥知らずの喜び」を意味し、他者の不幸、悲しみ、

苦しみ、失敗を見聞きしたときに生じる、喜び、うれしさといった快い感情、と定義され、「正義」という美徳の裏の感情です。

つまり、マスコミが、人間の中にひそむ恥知らずの喜びを匿名化し、消費させる都合のいい装置と化すことを、あの事件は証明したのです。

「やっぱり女だからね」と言わせないための配慮

女性である小保方氏を担ぎ上げた男性の研究者たちは、「目立つ」ことは監視されることであり、トークンとしての女性にはプライバシーが存在しないことを、肝に銘じる必要がありました。

正々堂々と主張できる論文を徹底的に仕上げ、「この女性に突つかれて困ることはないか?」と、仕事以外にまで気を配らなくてはならなかった。

「ホラ、やっぱり女だからね」と、周りから言われないようにです。

「○=トークン」の排除と「○=トークン」の利用はコインの表裏の関係にある。「0」より「1」は、女性だけではなく男性にとっても鬼門です。

しかしながら、SOCの高い人であれば、これから遭遇するであろう危機への事前的な対処（Proactive Coping）に長けていることに加え、このような事態が起こっても事後的な対処（Reactive Coping）で切り抜けます。

SOCの低い人が、不安や不公平感、不幸感を処理することだけにとらわれるのに対し、SOCの高い人は感情コントロールできるためネガティブな感情に振り回されることがありません。事態を冷静に受け止め「何をすべきか？」と秩序だって考えることができます。

これは「把握可能感（Comprehensibility）」と呼ばれ、SOCを構成する3つの感覚のひとつです（残りの2つについては、第5章でお話しします）。

把握可能感の高い人は、いかなる不測の事態に遭遇しても秩序だって解釈でき、その先の危機にも備えることができます。事態を処理するうえで大きな役目を担うのが、この把握可能感なのです。

男女比6対4で、初めて個人が評価される職場になる

カンター教授が組織における「数字」の重要性を指摘して以来、何人もの研究者たちが「どれくらいの割合になれば、マイノリティじゃなくなるのか」について、カンターの見解をベースに研究を進めました。

その結果……、

●「0」より「1」の不幸は、トークンの占める割合が10％未満で起こる。トークンは〝マイノリティ以前〟。人権をも無視されるリスクのある極めて危険な環境。

●10～15％未満の場合、集団内のマイノリティとしての地位が与えられるが、意見を言っても無視されたり、相手にされなかったりするため、トークンは口を閉ざし、目に見えない分断が組織内に生じる。多数派の男性たちは、「女たちは結束するとめんどうくさい」だの、「女たちは徒党を組むから恐い」だの、「女は勝手」だのと、悪しき〝女の特徴〟を並び立て、自分たちの優位性を保とうとする。

●30％になると、男性たちは女性たちを「サブグループ」と認め、「女性の視点は興味深い」など、徐々にプラスに評価する傾向が強まる。サブグループの女性たちも息苦しさから解放され、勇気を出して意見する。
●35％になると多数派はただ単に「数が多い」だけのグループになり、40％になるとバランスが均衡する。

つまり、6対4の比率になって、やっと男だの女だのという分け隔てが消え、個人の資質や能力が正当に評価される。

別の言い方をすれば、女性が4割を占めれば「女性」をむやみに攻撃する男性が激減する一方で、女性は「自分の本当の力」が試されることになるというわけです。

なぜ女性は会議が下手なのか

さて、ここまでは会議を舞台に「男性のＳＯＣ」を取り上げてきました。ここからは「女性のＳＯＣ」についてお話しします。

数年前にアメリカで'Woman, Find Your Voice'というエッセーが話題になりました。

「ある上級マネジャーは「経営委員会のメンバーからはずれて欲しい」と、突然言い渡されました。

ある社内のトップ売り上げを誇る部門リーダーは、「あなたは積極性に欠けている」との理由でラインを外されました。

ある営業部門を担当する経営幹部は、「ファシリテーターにみたいに振る舞うのは辞めて、自分の意見を主張しろ」と、同僚から厳しく批判されました。

この3人は共通して、志が高く、能力が高い同期一の出世頭で、上司から一目置かれる、〝デキる人〟でした。

そして、もうひとつの共通点が……、女性だったのです――」

このようなフレーズで始まるエッセーのタイトルは、「有能な女性が会議で評価されない理由」です。

一見「女性差別」をイメージさせるタイトルですが、内容は男女という枠を超え、徹底的に「人」にスポットをあてた大規模調査の結果を記したもので、多くの人たちから共感を得ました。

調査を行ったのは、女性リーダー育成に特化したコンサルティング会社のパートナーです。彼らは、女性マネジャーを上司や同僚に持つ男女7000人に、「会議での女性マネジャーの言動」の評価を依頼。個別にインタビューなども行い、「有能な女性が会議で評価されない理由」を分析しました。

その結果、男性だけでなく女性も含めたほとんどの人たちが、経営会議という場は女性マネジャーにとって〝鬼門〟だと認識していることがわかりました。具体的には……、

- 会議になるとおどおどする
- 会議で発言しても、説得力に欠ける
- 意見の裏付けが不十分

- 発言をすぐに遮られる
- 批判されるとすぐに謝る
- 熱くなりすぎる
- 何を言っているかわからなくなる
- すぐに混乱する

etc, etc……

対象となった1100人の女性マネジャーを酷評する意見が続々と集まり、特に男性からは、「反論されると、自己弁護に走る」「その場の関心が自分から逸れると、動揺したり、何も言えなくなる」と苛立った意見が、多く聞かれたのです。

有能な部長が10分早く会議の席につく理由

なぜ、自他ともに認める「有能でパワフル」な女性マネジャーたちが、経営会議という大切な場で、〝使えないマネジャー〟に成り下がってしまうのか？

もちろん社内の選りすぐりのエリートが集まる場ですから、弁が立つ人、威圧的な人、論理的説明に長けている人など強者ぞろいで、そこで意見するのはビビるかもしれません。でも、なぜ女性〝だけ〟なのでしょうか。その謎を探るべく、研究チームはさらなる調査を敢行。

その際に彼らは、「ひょっとしたら男性にも『会議』になった途端、パフォーマンスが発揮できない人がいるのではないか？」と考え、会議でのパフォーマンスを評価されている男性マネジャーたちの行動を分析しました。

すると、ハイパフォーマーの男性マネジャーがやっていて、女性マネジャーがやっていない「ある行動」が見つかります。

根回し――です。「ちゃんと根回ししとけよ〜」と、誰もが一度は上司から言われたであろう〝根回し〟を、男性たちは徹底していたのです。

男性マネジャーは、会議の前に他のマネジャーと互いにやり取りをしながら、自分のアイデアの反応を探っていました。

彼らは日常の中で、他の部門のマネジャーとディスカッションをする「時間」を作り、賛同を得られそうな人とは議論を深め、異論をもつ人にはその理由を知るべく必死で耳を傾け、自分のアイデアの問題点を整理。会議当日は早めに行き、周囲とたわいもない会話をし、〝場〟を温める時間をつくっていました。

そして、会議が終わったあとも、ディスカッションをして問題点をクリアにするなど、徹底的に「他者との時間」に労力を費やしていたのです。

根回しは悪弊ではなくコミュニケーション

つまり、男性マネジャーは「会議以外の時間」で、一人ひとりと念入りなコミュニケーションをとることで、一人、また一人とサポーターを増やす努力をした。根回しという言葉には、「密室」「悪しき男社会の風習」「ごますり」というイメージがあるため、批判的に捉えられがちです。しかしながら、男性マネジャーの行動から、それが極めて大切なコミュニケーションだということがわかったのです。

一方、女性マネジャーは……、時間どおり会議に現れ、会議が終わるとさっさと退散し、次なる仕事にとりかかっていました。極めて効率的。無駄な動きがいっさい認められませんでした。この、周囲とのコミュニケーション不足が、能力発揮の機会を奪っている可能性が示唆されたのです。

これらの結果から、調査を行ったパートナーたちは「女性もあらかじめ同僚の意見を探り出し、味方を得れば、会議での孤立感の解消につながる」と指摘。本来やるべきことの大半は「会議の前の会議」にあり、女性も非公式の事前の話し合い（＝根回し）をすれば、会議の真の目的をつかみ、積極的に議論に参加できるとしました。

どんなに立派なプレゼンをしようとも、メッセージの意味は「受け手」が決めます。

男性マネジャーがやっていたように、会議前に「これってどうでしょうか？　ご意見お聞かせください」と、事前コミュニケーションをとっておいたほうが、プレゼン内容も理解しやすい。事前に相談されていれば、「なんとかしてやるか」という気持ちにもなります。

人は感情で動く動物です。その感情を動かす唯一の手段が、円滑なコミュニケーションと言っても過言ではない。

「会議では自分のパフォーマンスを発揮できない」と嘆く女性のＳＯＣは、残念ながら高いるのです。

とは言えません。「私は女だから……」と彼女たち自身が、女という属性を言い訳にしてい

SOCの高い人は「他人力」を使うのがうまい

SOCの高い人は、サポートしてくれる他者（＝他人力）を使うのが、実にうまい。ずる賢く他人力を使うのではなく、「よし、一肌脱いでやるか」とか、「アイツがんばってるな」と、相手の心を動かすことができる人。自分のやる気を周りにも伝染させる柔軟さを、兼ね備えています。SOCの高い人は、「ひとりでは大したことはできない」ことを理解し、社内で良好なネットワークを得る術を心得ているのです。

SOCの高い人ほど社内のサポートをうまく得、自分の意見を職場に反映する影響力をもっていることは、多くの実証研究でも確かめられています。私が新卒社会人を対象にした調査でも、入社前のSOCが高い人ほど、入社後に効果的な社内ネットワークを構築していて、特に「仕事に役立つ情報」を得るためのネットワーク（＝Informational support）獲得に影響していることが示されました。

SOCの高い人ほど周囲のサポートをうまく得ている

SOCと社会的評価の関連性

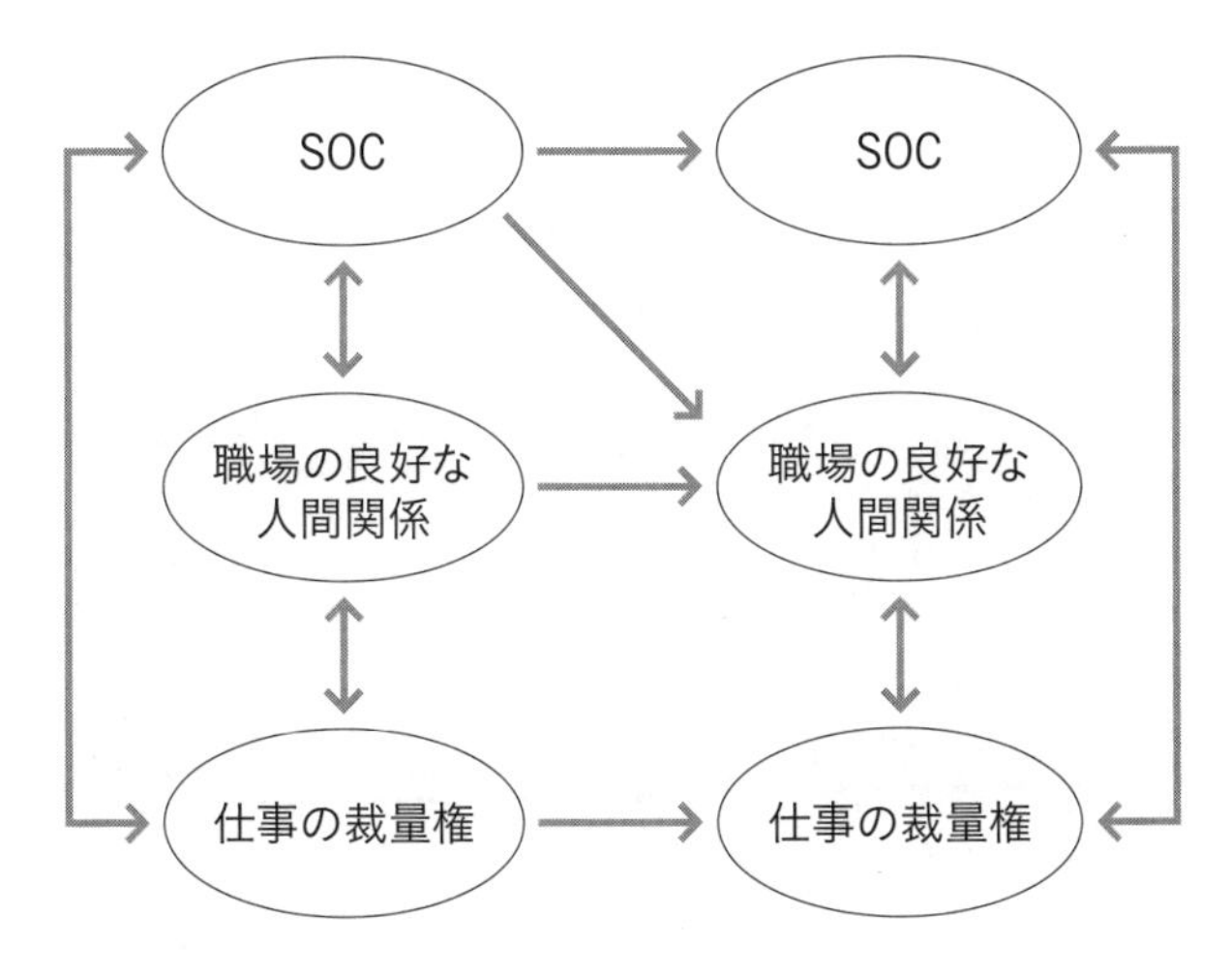

→（矢印）は統計的に有意な影響が認められたもの

出所：“Sense of coherence and work characteristics” T.Feldt

どんなに必死に働いても、どんな意見を出しても、無視されるとやる気も失せていきます。しかし、自分の意見や行動が周りに影響を与えたり、自分自身で決定できる要素があると、会社の一員であるという安心感が得られるとともに、仕事へのモチベーションが高まる。SOCはやる気を高めます。

SOCの高い人とは、「周りを巻き込んで『みんなの力を借りて頑張る』能力の高い人」でもあるのです。

鉄の女サッチャーは女を武器にしていた

興味深い話があります。

イギリス初の女性首相（1979－90年）だったマーガレット・サッチャーさんといえば、〝鉄の女〟として知られていますが、そのサッチャーさんが、なんと〝女〟を武器に、男性たちを取り込んでいたというのです。

サッチャーさんの長年の「バン記者」だった男性によると、彼女はひたすら〝女らしく〟振る舞うことで、男性たちを巧みに盛り立て、取り入り、〝女〟を全面的に利用することが彼女の処世術だったといいます。

実に細かく男性たちを気遣い、ときに母親のように寄り添った。男性たちはそんなサッチャーさんの言動に安堵し、彼女の言葉に耳を傾けた。男の楼閣でまかり通ってきた〝暗黙のルール〟を打ち破る応援団になる男性がひとり、またひとりと増えた。

まさしく「他人力」。彼女を〝鉄の女〟たらしめたのは、他人力だったのです。

サッチャーさんのＳＯＣは実に高い。そう断言できます。

女性VS男性の多くの問題は「環境」の問題であることは否定の余地はありません。しかしながら、自分にとって不利な状況に置かれることは、性別や年齢、学歴に関係なくあります。

そんなとき「他人力」というリソースを大事にすれば、困難を乗り越え、危機をチャンスにできる。他のいかなるリソースにも勝る最高かつ最強のリソースが、「他人力」なのです。

第5章

しかし、オジさんたちが日本を救う

「個の確立」という幻想の向こうへ

ストレスフルな環境で元気に働ける人とは

平凡なありきたりの人生を送っていても、ある日突然、自分の意思では止めることも避けることもできない危機や困難に遭遇し、絶望の淵に立たされることがあります。

他人は「大したことじゃない」だの、「いい転機になるじゃないか」だのと慰めてくれますが、どうにもこうにも腑に落ちない。「なぜ、オレだけこんな目に遭うのか？」と釈然としない気持ちと、「この先どうすればいいのか？」という不安が入り乱れ、感情が割れるのです。

それでもなんとかつじつまを合わせ、嘆き続けることをやめ、顔を上げ、前を向いて歩くしたたかさを、私たち人間はもっている。

この「ま、仕方がない」と、つじつまを合わせる内的な力が、本書で何度も触れてきたSOC＝Sense of Coherence。直訳すると「首尾一貫感覚」です。

SOCは、「人生であまねく存在する困難や危機に対処し、人生を通じて元気でいられるように作用する人間のポジティブな心理的機能」のこと。わかりやすく言うと、「生きてりゃしんどいこともあるよ。それはそれとして、明るく生きようぜ！」というたくましさです。

つまり、真のポジティブな感情は、どん底の感情の下で熟成されます。この究極の悲観論の上に成立しているのが、SOC理論なのです。

SOC理論を提唱したのは、イスラエル系アメリカ人の健康社会学者A・アントノフスキー博士です。

1970年代、アントノフスキー博士は、ナチスの収容所から生還した人たちの大規模な健康度調査を行いました。収容所といえば、V・E・フランクルの『夜と霧』で語られているとおり、極寒の地で家畜同様の扱いを受け、極限状態まで追いつめられ、人としての存在をも否定される悲惨な空間です。

「そんな場所に長年収容されれば誰だって心に深い傷を負い、たとえ生還したとしても社会に適応などできない」

アントノフスキー博士は当初、そう考えました。

実際、7割の人が不適応状態にあり、心身の不調を訴え、うつ傾向を示し、なかにはひたすら「死」を待っているような人たちもいました。

ところが残りの3割の人たちは、なんと社会に上手く適応し、元気に働いていました。信頼できる人たちに囲まれ、とても元気にイキイキと暮らしていたのです。

なぜ、この人たちは、こんなにたくましいのか？ ひょっとすると人間にはストレスを退治するような力があるのではないか？

そう考えたアントノフスキー博士は、インタビュー調査を繰り返し繰り返し行い、彼らの「健康の謎」を解こうとしました。

その結果たどり着いたのが、SOC理論です。

アントノフスキー博士がSOC理論を提唱する前から、「貧困のクモの巣に捕らえられながらも、前向きに生きる人」「生まれながらにして貧しく、問題のある両親に育てられながらも、責任深く、愛情にあふれ、健康的に成長する子ども」の存在は確認されていました。しかしながら、それはあくまでも「個人の資質」と考えられていました。もともとそういう性格だったのだ、と。

その考え方に風穴をあけたのがアントノフスキー博士だったのです。

心の健康は個人の資質ではなく環境で育まれる？

博士は「個」と「環境」の関わり方、向き合い方にスポットをあて、「健康の謎」を個人の資質としてではなく、環境で育まれる力としてのＳＯＣ理論を展開したのです。

「あのときの記憶（第二次世界大戦）は私にとってツラくて厳しい生々しい記憶ですが、それらは私だけに当てはまるものでない。私だけが不幸だったとは思いません。だって、私だけでなく全員に起こったことだからです。

強制収容所に入れられた私は、地下組織に参加し、武器の使い方を学びました。そのおかげで正気を保っていられた。私は悲観的で、私もみんなもそこから出られることはないだろうと思っていました。

でも、自我を捨ててまで、ただ生き続けようとは思わなかった。収容所で死は、１日単位ではなく、一瞬一瞬で起きた。でも、私はみんなと一緒だったから、私だけが不幸だったわけではないと考えていました」

これは実際にアントノフスキー博士がインタビューした、ユダヤ人大虐殺の生存者の言葉です。SOCの高い人は極限状態に追い込まれても、屈することなく、ありのままを受け入れ、人生のつじつまを合わせることに成功していました。

そして、直面した問題を「どうやって解決すればいいか?」と考え、そのために必要なリソースをかき集め対処していました。

例えば、この男性が強制収容所という過酷な状況の中でさえ、「武器の使い方」を学び、必死で「自我」を保って生きようとしたようにです。

信頼できる人がいるということの意味

SOCを高めるリソースには、環境が個人に与える「外的な力(=外的資源)」と、個人に内在する「内的な力(=内的資源)」があります。

外的な力は、

- 高い社会的評価（=収入、学歴、役職など）
- 自由に決められる権利（=裁量権）
- 人を動かす権利（=権力）
- 能力を発揮する機会
- 大切な人
- サポートしてくれる人（=他人力）
- お金や住居
- 衣類・食事

などの、社会的資源や物質的な資源です。

一方、内的な力は、

- 自己受容（=自分を積極的に受け入れることができる）
- 自律性（=自分の行動や考え方を自己決定できる）
- 人格的成長（=自分の可能性を信じることができる）

●人生における目的（＝どんな人生を送りたいかはっきりしている）
●環境制御（＝どんな環境でもなんとかやっていけるという確信）
●積極的な他者関係（＝あたたかく信頼できる人間関係を築いているという確信）

といった認知的な資源に加え、遺伝的体質や気質も含まれます。

特に、「信頼できる人間関係を築いている」「信頼できる人がいる」という確信は、ＳＯＣ形成に大きな影響を与えます。

博士がインタビューしたＳＯＣの高い人たちも、その後世界中のＳＯＣ研究者たちが調査した結果でも、ＳＯＣの高い人たちは一様に「自分の生活世界は信頼できるものだ」と考え、「共同体の中にいる自分」をみつめるまなざしを持っていたのです。

権力は強さではなく、弱さに宿る

これまでお話ししてきた自称〝エリート〟たちは、社会や組織内の競争に勝ち進むことで、「外的な力」を手にしてきました。

ところが、いつからか彼らはその力（＝権力や社会的地位）に溺れ、「自分は勝っている、自分には能力がある、自分はこいつらとは違う」と他者を貶め、「力（＝権力）」に執着することで不安から逃れてきました。権力は強さではなく、弱さに宿ります。

彼らは自分を俯瞰できていないので、「自分だけ」で生き延びてきたような錯覚を起こす。「共同体の中にいる自分」をみつめるまなざしを失ったとき、人は自分だけが正しいと信じ込み、横暴になる。

彼らが持つSOCを、アントノフスキー博士はこう呼びました。

フェイクSOC――。〝フェイク・ニュース〟のフェイク＋偽りのSOCと名付け、「本当のSOC」と区別したのです。

フェイクSOCの持ち主には、本当にSOCの高い人がもつ〝穏やかな自信〟や〝しなやかさ〟がありません。

そして、彼ら（＝フェイクSOC）は、「やがて変化する現実への適応がきかなくなる」

――。アントノフスキー博士は、1987年に書いた著書'Unravelling the Mystery of Health: How People Manage Stress and Stay Well'で、こう警鐘を鳴らしました。

第1章で紹介した、〝定年で顧問になった元常務〟を覚えていますか？

元常務は会社にきては、〝現役だった頃の部下〟を呼びつけ説教し、人事部にアレコレ口出しし、みんなの仕事の邪魔をしていました。

「定年後の新しい環境」に適応できなかった元常務は、かつての居場所に固執する以外、自分の存在意義を示すことができなかった。アントノフスキーが言うところの「変化する現実への適応がきかなかった」。フェイクＳＯＣの持ち主は、「力（＝権力）」に依存することでしか生きていけないのです。

※注：アントノフスキーが「フェイクＳＯＣ」という言葉を用いたのは、1979年に書いた著書'Health, Stress, and Coping : New Perspective on Mental and Physical Well-being'。それから8年後に書いた'Unravelling the Mystery of Health: How People Manage Stress and Stay Well'では、rigid（＝硬い）、もしくはinauthentic（＝本物ではない）ＳＯＣと呼ぶほうが適正であると考えるとしています。しかしながら、私は「フェイクＳＯＣ」の方がしっくりくるのでそのまま使います。

カリスマ経営者とフェイクＳＯＣ

社会的評価は魔物です。世間からの羨望のまなざしほど、ここちよいものはありません。その快楽に酔い、安住した途端、高いＳＯＣがフェイクＳＯＣに変貌します。

以前私がインタビューしたＳＯＣの高かった経営者の中から、「ブラック経営者」と世間の批判を浴びる人たちが出てしまったと第3章で書きましたが、彼らも「社会的評価の魔物に捕まった」と、私は考えています。

インタビューでは、あえてネガティブな部分に光をあて、子どものときのこと、家族、友だち、学校、恋愛や仕事のことに関して、複雑な人間の心（＝感情）を語ってもらいました。失礼な質問も山ほどしました。それでもとても真摯に、一所懸命、ときに自問自答し、自分を納得させるように話してくださいました。

なので、私は正直ホッとしたんです。ああ、私たちと同じなんだなぁ、と。決して特別な人ではなく、私たちと同じように悩み、抗い、必死で人生を切り開いてきた。「自分にもできるかもしれない」――。そう勇気づけられました。

いったいどんなきっかけで、飛ぶ鳥を落とす勢いで事業を拡大し名声を得ていた彼らのSOCが、フェイクと化してしまったのかわかりません。

ただ、当時のインタビューを振り返ると少々ひっかかることがあったのも事実です。ブラックと揶揄されることになったお二人は、どちらもある時点で「信頼できる人」を排除しているように感じられました。

私たちは大人になる過程で〝自分世界〟を広げ、「信頼できる人」と出会い、相互依存する中で〝自立した個〟を確立します。彼らにとってのその存在は、仲間であり、配偶者でした。ところがお二人はある時点で自らの意思で信頼できる人と決別した。「次のステージについて来れなければ、そいつは仲間じゃない」、「私には能力がある。それを生かすために女として生きるのをやめた」。こう語っていたのです。

インタビューした当時も、その厳しい決断には少々驚きましたが、どんな出会いにも別れは付きものですし、ときには自分を奮い立たせるために別れが必要な場合もある。なので「目標を達成するには、こういう厳しさも必要なのか……」と受け止めたのです。

ただ、今改めて考えると、たとえ関係性を断っても「あの人がいたから、今の自分がいる」という謙虚さは、決して忘れてはならないと思うのです。たとえ物理的なつながりが絶えても、心の奥底では〝大切な人〟としてつながっていなきゃいけないんじゃないかと。

そして、おそらく「本物のＳＯＣ」と「フェイクＳＯＣ」の境界線のヒントが、「ここにある」。

司馬遼太郎さんが唯一子どもたちに向けて書いた著書『二十一世紀に生きる君たちへ』の中に、次のようなメッセージがあります。

「君たちは、いつの時代でもそうだったように、自己を確立せねばならない。

——自分に厳しく、相手にやさしく。という自己を。

自己といっても、自己中心に陥ってはならない。人間は助け合って生きている。決して孤立して生きられるようには作られていない」

つまり、絶好調のときほどちょっとだけ立ち止まり、自分を支えてくれた人を思い出して感謝し、社会的に評価されているときほど、「自己中心になっていないか?」と自省し、謙虚なまなざしで、他人を思いやる訓練を忘れちゃいけないのです。

その訓練を怠ったとき「自分が絶対的なルール」になり、しなやかさが失われ、本物のSOCがフェイクSOCに成り下がっていくのです。

「自立した自己」は幻想にすぎない

不安が極大化し魑魅魍魎がばっこする現代社会。

「勝ち組・負け組」に代表される競争社会。

そんな時代だからこそ、「共同体の中の自己」を俯瞰することを忘れてはなりません。

そもそも関係性の中にこそ個人は存在し、唯一無二の「自立した個（自己）」など、はなから幻想にすぎない。複雑怪奇な現代社会を生き抜くために大切なのは、確固たる自己を確立することではないのです。

周囲と対峙することでもなければ、排除することでもない。

周囲と「いい関係」を作り、「信頼できる人たちに囲まれている」という確信を手に入れることです。

日本人のSOCは高い？

これまで私は「SOCが高い（強い）」または「SOCが低い（弱い）」という表現を使ってきましたが、正確には「SOCの連続体上の位置が高い、または低い」という状態を省略したまでにすぎません。

つまり、SOCとはある日突然高められるものではなく、人生で遭遇する諸問題への対処次第で、「高く修正」されることもあれば「低く修正」されることもある。この世に誕生し死ぬまで、生涯にわたり発達してゆきます。

人生は常に綱渡りです。私たちは左右に揺れる綱の上でバランスをとりながら、生きていく必要があります。

SOCの高い人の綱は、低い人より太く、安定しているのかもしれません。でも、だからといって万全というわけじゃない。どんなにSOCの高い人でも、〝落ちる〟ことがあるものです。

それほどまでに人生で遭遇する問題の多くは、避けることができないばかりか、対処するのが難しく、完全には解決できないやっかいなモノなのです。

そもそも社会的動物である私たちは常に環境（＝社会）の影響を受け、自分の思いどおりに事を進めるなど到底できません。おまけに人間は強くて弱い。いっときの感情に惑わされ、誤った対処に手を出す愚かさを誰もが持ち合わせています。

言い方を変えると、この世に「非常に強い本物のＳＯＣ」をもっている〝鉄人28号〟のような人は存在しないのです。

その一方で、どんなに弱いへなちょこな人でも、ＳＯＣが育まれる質のいい環境に身を置き、自らを律する気持ちをもつことができれば、ＳＯＣを高めることが期待できる。

人間は想像以上に環境の影響を受け、環境次第で無限に変われる可能性を秘めているのです。

「アジア人、とりわけ日本人のＳＯＣは高いだろう」――アントノフスキー博士は１９８０年代のＳＯＣに関する著書の中で、こう言及しました。

ＳＯＣの発達には親子関係や職場での人間関係がとても大きな影響を与えるのですが、博士は「日本にはＳＯＣを育む良質な環境がある」と考えました。

「日本人の母と子の間には強い愛のきずながあり、親が子を教育するという共通の価値観がある。さらに地域や共同体で大切にされている〝助け合いの精神〟が、個々人の積極的な適応に役立つに違いない。

また、日本独特の何らかの欲求の充足を延期する行動パターン、すなわち〝我慢する〟という経験を美徳とする文化が、ＳＯＣのレベルを上げている」（'Unravelling the Mystery of Health: How People Manage Stress and Stay Well' より）

アントノフスキー博士が指摘した「母子や地域の結びつき」や「我慢を美徳する文化」は、一貫性の経験、過小負荷と過大負荷のバランス、結果形成への参加の経験という、ＳＯＣを育む３つの人生経験を連続的にもたらします。

「留守番すれば母は必ず帰ってくる」がなぜ重要か

ここはとても大事なポイントなので、ちょっとばかり難しい話をしますが我慢して聞いてください。

一貫性の経験とは「ルールや規律が明確で、価値観の共有」がなされている状態です。子どもにとっていちばん大切で身近な存在である「親（あるいは親に相当する大人）」との関係性を意味しています。

例えば、子どもが「オギャー」と泣いたとき、必ず母親（父親）が「どうしたの？」と様子を聞いたり、他の部屋にいる母親が必ずかけつける。ときには1時間近く待たされることがあったとしても、大事な人は必ず再び現れる――。

こういった経験の繰り返しが、SOCの土台である「自分がいる世界は一貫した世界で、自分を裏切ることなく頼れるものだ」という確信につながるのです。

しかしながら、ひたすら親が子を甘やかすだけでは、一貫した経験にはなりません。

「『母に会いたい』という欲求を我慢する」という責任が、子に課せられていることが肝心なのです。

子にとっては「我慢する」という行為は、しんどくてつらいかもしれない。でも、自分の限界までとにかく頑張り続けた結果、母親は「よく頑張ったね。待たせてごめんね」とやさしく接してくれる。

このような経験のくり返しが、子に「自分も責任をになっている」「責任をまっとうすることが結果につながる」という認識をもたらす。母親との関係の中で、「要求が自分の持っている能力をたいして使う必要がない」場合と、「要求が自分のもっている能力を超えている」場合があることをくり返し経験することが、「過小負荷と過大負荷のバランス」であり、「結果形成への参加」なのです。

親子関係と労使関係の共通点

もう少し理解していただくために、これを職場環境、すなわち「会社と従業員」の関係に置き換えてみましょう。

職場では「職務保証（=job security）」が、一貫性の経験をもたらします。

職務保証とは、

第1に、「会社のルールに違反しない限り、解雇されない、という落ち着いた確信をもてる」

第2に、「その労働者の職種や事業部門が、対案の予知も計画もないままに消滅することはない、と確信をもてる」

と労働者が感じることで成立します。

つまり「今日と同じ明日がある」と安心できる状態のためには、自分も「ルールに違反しない」という責任をまっとうしなくてはなりません。人間は守られすぎるとその温室に依存し、無気力で、無責任な存在になるという側面も持ち合わせているので、「会社のルールに違反しない」という責任の明確化は必要不可欠です。

また、「会社が求める責任を、自分が果たせば解雇されない」という安心があれば、新しいことをやろうという気持ちも芽生えます。自分の責任を果たすためにもっと技術力を高めようと、キャリア磨きにも精が出ます。

今では死語になった〝会社人間〟は、ネガティブな文脈で使われがちですが、これはこの時代のお父さんたちが望んだ働き方でした。

自らに課せられた責任を果たした結果、「昇進」や「昇給」が認められたり、自分の「能力を発揮する機会」を会社が準備してくれることもあった。「昇進」「昇給」「能力発揮の機会」はすべて、労働者のリソースです。

こういった日常が存在することが、「一貫性の経験」であり、「過小負荷と過大負荷のバランス」を学び、「結果形成への参加」をしているという経験をもたらします。そして、SOCの構成要因である「処理可能感（manageability）」が熟成されるのです。

「なんとかなるという確信」と「事態を説明できる感覚」

処理可能感とは、「困難な状況に遭遇しても、なんとか切り抜けることができる」という感覚のこと。いわば自分が施す対処戦略への確信です。

もっと平たく言えば、「きっとうまくいく。失敗しても何とかなるさ」という明るさです。

私たちは一貫した経験を通じて、自分が直面した出来事を「説明不可能などうしようもない出来事」としてではなく、「秩序だった明確な情報」として受け止められるようにもなります。

これは「把握可能感」（P165）と呼ばれ、処理可能感同様、SOCを構成する感覚のひとつです。

人間にとって最もストレスフルなのは、何が起こっているかを把握できない状況です。人にはつじつまを合わせたがる習性があるので、感情と理性、現実と過去がゴッチャになり、パニックになります。

でも、困難な状況を把握できれば大丈夫！

自分がすべきこと、あるいはできることが考えられるので、積極的に対処することが可能です。

つまり、処理可能感と把握可能感は独立したものではなく、車の両輪のようなもの。処理できれば、把握できるようになり、把握できれば処理できると確信するようになっていくの

SOCはどのように形成されるか？

健康生成モデルにおけるSOC形成

↓

子育てパターンと社会的役割

↓

汎抵抗資源（GRRs）

身体・生化学的、物質的、認知・感情的、
評価・態度的、関係的GRRs

（例）モノ・カネ・知識・知力・自我アイデンティティ・
社会的支援・社会的紐帯・社会との関係・社会経済的地位・
文化的安定性・遺伝的体質や気質 等

↓

人生経験の質

「一貫性の経験」「過少負荷—過大負荷のバランス」
「結果形成への参加」

↓

SOC

「把握可能感」「処理可能感」「有意味感」

出所：山崎喜比古、坂野純子、戸ヶ里泰典編『ストレス対処能力SOC』（有信堂高文社）

です。

「大切にされている」がSOCの土台

「強い絆で結ばれた親子」「働く人に職務保証している会社」――。これらに存在するのは、「あなたは大切な人です」というメッセージです。

子は親から、社員は会社から、「大切にされている」というメッセージを肌で感じたとき、「私の生きている自分世界は信頼できる。信頼できる人たちに囲まれている」と、SOCの土台となる確信をもてるようになります。

「あなたは大切だ」という価値あるメッセージの経験で養われるのが、「有意味感(meaningfulness)」です。

有意味感は、把握可能感や処理可能感と同様に、SOCを構成する要因の一つです。有意味感が高いと「ストレスや困難は自分への挑戦で、これらに立ち向かっていくことは意味がある」と、前向きに対処できる。

どうにかして前に進んでいこうと、ストレスに対峙するリソースを引き出すモチベーション要因となるのが、有意味感です。


「意味がある」という感覚は、自分がやっていること、自分が携わっている仕事などに向けられることもあれば、自分の存在意義そのものに向けられることもあります。

第3章で紹介した、高級レストランで働くウエイトレスを覚えていますか？

「皿をテーブルに置く時、音ひとつたてないわよ。グラスひとつでもちゃんと置きたいのよ。客にどうしてウエイトレスなんてやってんだって聞かれたときには、〝あんた私の給仕をうけるのにふさわしいって思ってないのですか？〟って、逆に聞いてやるのよ」

こう語っていたドロレスです。

彼女はインタビューの中で、「私に会いに来る客がたくさんいるの。じっと待っている人もいるのよ。そんなことってすごくうれしいのよ」とも語っている。

自分を指名してくれる人がいる。自分を待っている人がいる――これらはお客からの、「あなたは私にとって、大切な人だ」というメッセージです。

「それでいいんだよ。ちゃんと頑張っているね」と、自分にアテンションしてくれる人がいたときに、初めて人は「自分の存在意味」を見出し、仕事を意味あるものにすべく前向きに取り組むことができる。彼女の語りは、彼女の有意味感が極めて高いことを裏付けているのです。

きちんと仕事に向き合うということ

30代のとき、'Working!'という本に出会い、私は少しだけホッとしました。そして、実は40代後半にこの本を読み返したとき、別の感情が沸き立ちました。

勇気が出たんです。と同時に、改めて「ちゃんと私はやっているか?」と自問したのです。

〝改めて〟としたのは、ちゃんと仕事をすることが何よりも大事なことだと、40歳を過ぎたあたりから思い続けていたからにほかなりません。

なぜ、40代か? 自分でもわかりません。ただ、とにかくその頃から、ちゃんとやることが何よりも大切と思うようになっていたのです。

日々の仕事はしんどいことだらけです。世間で言うところの〝やりがい〟なんてものを感じるのは、1年でおそらく数日程度です。でも、私は「自分の仕事」をきちんと続けています。

このような原稿を書くのだって正直しんどいし、自分との格闘の連続です。恐怖とプレッシャーの繰り返しです。

それでもMAXに脳を回転させ、必死で原稿を書き続けてきました。思うように伝えたいことが伝わらず落ち込むことがあっても、穴をあけることなくちゃんと書き続けてきました。

書くことの誇り？　そんなカッコイイもんじゃありません。もっともっと泥臭くて、内面に向けられていて。自分にウソをつかないことで、自分を納得させているとでもいうのでしょうか。

「なんで認めてもらえないんだろう」と悩むことがあっても、「今までどおりちゃんと仕事をしていけば大丈夫だよ」と、手を抜かずにやってきたことで自分に言い聞かせられるようになりました。

それも「あなたのコラムに救われました」と言ってくれる人がいたからです。

100回にひとりでも、1000回にひとりでも、私にメッセージを送ってくれる人がいました。

だからこそ、私は書き続けられているのです。

おそらく仕事って、こういうモノなんじゃないでしょうか。

勉強をしたり、工夫したり、ひたすら目の前の仕事を丁寧にやる。そうしているうちに「いいね！」と声をかけてくれる人がいて。そうすると「やった～」と自分の存在意義を感じることができる。

どんなたわいもない仕事だと思えても、プラスアルファを加えていく努力をすることも、有意味感を高めるには、大切なことなのです。

ストレスに強い人は自己と他者を分離しない

ＳＯＣの高い人は、自己と他者を分離するのではなく、逆につながりを強化していく中で、ときに自分の弱さを認め、ときに他者の力を借り、常に自分に足りないものを補ってゆくのです。

信頼できる他者は、自分を映し出す鏡です。他者の存在を通じて、私たちは社会の中の自分を見ることができます。

そして社会的動物である人間には、社会的役割を演じつつ自己を確立するというプロセスが組み込まれています。

新人らしく、学生らしく、上司らしく、部下らしく、先生らしく、リーダーらしく、父親らしく、母親らしく、年長者らしく……、それぞれの役割を〝らしく〟振る舞うためのスキルや能力を、演じながら高めていくことで、それまで自分の内面になかった感情や考え方、道徳的価値観などが育まれます。

そのプロセスをくり返すなかで、「求められる〝役割〟をしっかりと演じさえすれば、『居場所』と『存在意義』を見つけられる」という〝穏やかな自信〟を獲得し、いかなる変化を迫られても「今までやってきたのと同じようにやっていけばいいだけだ」と、前向きに対処することが可能になるのです。

人とのつながりの重要性は、古くから多くの哲学者や研究者によって指摘されてきました。

しかしながら、心理学者の中には「ストレス対処を他者に依存することは『弱い自己』」として、否定的に捉える意見もあります。

一方、SOC理論では「ときには他者に依存することも必要である」とし、逃避行動と揶揄される対処も、「ときには逃げるが勝ちということもある」と考えます。

傘を貸してくださいと言える相手の重要性

「どの対処戦略をとるか」はさして重要ではなく、対処戦略（＝リソース）のレパートリーをどれだけ持っているか？　戦略を使うことに、どれくらい柔軟であるか？　をSOC理論では重要視しているのです。

「人生で遭遇する困難やストレスは雨」だと考えてください。

にわか雨であれば折りたたみの傘、土砂降りの雨であれば骨組みのしっかりした傘、暴風雨のときはレインコートといった具合に、雨の降り方に合った傘を選べば首尾よく雨をやり過ごせます。

「お金」が必要なとき、「お金を貸してくれる人がいる」と助かります。「愚痴を言いたい」ときは、「愚痴を聞いてくれる人」が必要です。とことんしんどいときには、「笑い」に救われることもあるでしょう。

自分の知識や情報では足りないとき、「これってどういうことなのでしょうか？」と聞ける、頼りになる情報の提供者は貴重です。そして、ひとりでどうにもできないとき……、「傘を貸してください」と言えるが人がいれば踏ん張ることができます。

「どうした？」と声をかけてくれたり、「これ使いなよ」とさっと傘を差し出してくれる人。「もうムリ」と諦めそうになったときに、一緒に傘を支えてくれたり、背中を押してくれたり、手ほどきをしてくれる人がいればどんなに心強いでしょうか。

所詮、私たちはひとりでは生きられません。

私たちのカラダの奥底には、他者とつながらないと安心が得られないことが刻み込まれている。隣に立ってくれる人なくして、自分ひとりだけで立つことなどできない。

たったひとりでいいので、「アナタは私の大切な人」とメッセージを送ってくれる人が必要なのです。

終戦直後の日本人は高いＳＯＣをもっていた

では、本当にアントノフスキーが指摘するように、日本人のＳＯＣは高いのでしょうか？　私は、〝かつての日本人〟のＳＯＣは高かったと考えています。「今」ではなく、「かつて」の日本人です。

例えば、終戦直後の日本人が貧困から立ち上がる姿を描いたジョン・ダワーの名著『敗北を抱きしめて』（岩波書店）からは日本人のＳＯＣの高さを存分に感じとることができます。

「私はいつも、普通の人々の声を探していた。エリートでない人々の声に耳を澄ませていました」――こう語るアメリカ人歴史学者のダワーのまなざしは、虚脱と絶望に襲われながらも嘆き続けることをやめ、「希望」を胸に踏み出す日本人の姿を明確に捉えていました。

敗戦という極めて大きな困難に遭遇しながらも、日本人は「憎悪」や「卑屈」というネガティブな感情に埋没せず、敗北を抱きしめ＝敗戦を受け入れ、平和な世界への改革に挑んでいたのです。

当時の日本人の「希望」は、意外な私たちの日常にも生きています。それは、「労働基準法」です。

１９４７年に労働基準法を決める会議で中心的役割を果たした寺本廣作氏（労働省課長）は、参議院議員時代に著した自伝『ある官僚の生涯』（非売品、１９７６年）の中で、当時の様子を次のように語っています。

「労働基準法の立案では、日本の実情と照らし合わせながら時間をかけて少しずつ作業を進めていった。立案された条文は1条1条、課員の全体会議にかけて検討した。議論に熱が入り過ぎて時には摑み合わんばかりの激論になることもあった。一番議論が白熱したのは、労働時間の条文であった。

国際労働条約の『1日8時間制』を取り入れたいのはやまやまであったが、破壊しつくされた当時の日本では8時間労働で国民の必要とする最低生活を支えることは、不可能ではないかという疑問が出た（注：当時の日本企業の多くは10～12時間労働）。

そして、1週間も激論が続いたあげく、労働組合との協定があれば25パーセントの割増賃金で時間外労働をさせることができるという結論に到達した。

やむにやまれぬ事情の下、有給休暇では『1日単位の分割取得』というおかしな制度を、あえて導入した。」

人をないがしろにしやすい現代の労働社会

「人を大切にする世界の国々と肩を並べたい」――。そんな希望の下、寺本氏らによって立案・制定されたのが、「1日8時間週40時間労働」「週1日休息日（原則日曜日）」「年次有給休暇」を定めた現在の労働基準法です。

当時、世界では、インターバル規制やフランスに代表されるバカンス法など、「人の健康と人権」を守る働き方が基準でした。

理想と戦後復興という現実の狭間で、彼らは日本を世界に近づけようと「世界基準」にこだわった。まさしく「敗北を抱きしめ」、平和な世界への改革に挑んでいたのです。

世界では「年次有給休暇」は、「連続取得」が当たり前（ＩＬＯ（国際労働機関）が定めている）。しかしながら、戦後の貧困にあえぐ「今」の日本ではムリ。「やむにやまれぬ事情」という言葉には、「やがては日本も欧米と肩を並べる国となってほしい」という寺本氏らの

「希望の光」が込められていました。

しかしながら、その光が現代の日本人たちによって消されつつあります。

「残業上限を１００時間未満とする」として過労死が合法化され、有給の連続取得など夢のまた夢。人を人と見ず、コストとしか考えない企業に「アナタは私の大切な人」というメッセージは見当たりません。どんなに一生懸命やっても「おお、がんばってるな！」と認めてもらえることもありません。

「私の生きている自分世界は信頼できる。信頼できる人たちに囲まれている」というＳＯＣの土台となる確信を育む土壌が、崩壊してしまっているのです。

自分の存在を軽視する会社を信頼できる人はいない

心理的契約――。

これは「組織によって具体化される、個人と組織の間の交換条件に関する従業員側の知覚」で、日本企業の雇用関係は心理的契約によって支えられてきました。

「心理的」としているとおり、法的な契約や職務契約とは異なります。

そして心理的契約は「終身雇用」「長期雇用」といった文章化された契約書がない場合だけではなく、アメリカのように明確化された契約書がある場合にも生じます。

そもそも、「心理的契約＝Psychological contract」という概念は欧米で生まれ、雇用関係の議論で中核に位置づけられてきました。

心理的契約は多くの場合、会社という目に見えない組織だけでなく、実際に日々関わる上司（＝経営者）との関係性においても構築され、働く人たちの意欲に極めて重要な影響を及ぼします。

1958年に経営学者のジェイムズ・アベグレンは、著書『日本の経営』（日本経済新聞社）の中で、日本企業の特徴は「終身雇用に代表される心理的契約にある」と指摘。ある意味この「心理的契約」、つまり「私は会社から大切にされている」と従業員が思える企業との関係性こそが、高度成長期の日本企業の強みだったのです。

ところが、1980年後半から「アメリカを見習え！」とばかりに、日本の経営者たちは「成果主義」や、契約社員制度を導入。さらにバブル崩壊以降「組織再構築」を意味するリストラクチャリングが、日本では「不採算事業・部署や従業員を削減すること」を表す言葉と化した。ある日突然、いとも簡単に「人」を「コスト」とし、心理的契約の不履行を平然と行い、「日本の経営者は『心理的契約』を重要視していない」と、海外の研究者から揶揄されるようになってしまいました。

本来であれば、契約の不履行により生じるリスクを最小限に抑える努力をすべきなのに……。当たり前のようにあったものほどその存在に気付かないものですが、〝心理的契約〟も日本企業にとってはそのひとつだったのです。

日本は「他者を信頼しない国」へ

自分の存在を軽視する会社を、誰が信頼できるでしょうか。

日本人の「会社への信頼の低さ」は、アメリカのPR会社 Edelman が世界28カ国の約3万3000人以上を対象に実施した調査からも明らかです。

「あなたはあなたが働いている会社を、信頼していますか?」との問いに、「信頼している」

とした日本人は40％で、世界28カ国中、最下位。アメリカ（64％）、イギリス（57％）、中国（79％）、インド（83％）よりはるかに低く、ロシア（48％）よりも低くなっていました（※回答は「大いに信頼している」から「全く信頼していない」の9件法で、信頼度を算出）。

それだけではありません。

世界の国々を対象に「他者を信頼する傾向」を比較したところ、日本は「他者を信頼しない国」であることがわかりました。

「世の中のほとんどの人は信頼できる」という問いに、日本人の53％が「いいえ」と回答し、「はい」の43％を10ポイントも上回ったのです。

中国は、19％が「いいえ」とし、79％は「はい」と答え、信頼する傾向が高いことがわかりました。個人主義とされるアメリカでは、「いいえ」が41％「はい」は58％で、各国は日本より信頼する傾向が高い結果が認められています（Pew Global Attitudes Survey より）。

そして、「他人を信じられない」日本がたどり着いたのが、「孤独社会」です。

「孤独は皮膚の下に入る」

孤独が及ぼす影響が世界的な関心事になったのは、ここ数年のこと。

日本では、孤独＝高齢者の問題と受け止められがちですが、世界的には年齢に関係なく関心の的となっています。

例えば、２００５年のＯＥＣＤ（経済協力開発機構）報告書では、「孤独」に関する調査が盛り込まれ、友だちや同僚たちと過ごすことが「まれ」あるいは「ない」と答えた人の割合を調査。

その結果、日本では、男性16・7％、女性14％が「友だちや同僚と過ごしたことがない」（まれも含む）と答え、ＯＥＣＤ加盟国21カ国中トップでした（ＯＥＣＤ：Woman and Men in OECD Countries 2006）。

これが今の日本の姿です。互いを信頼する力もなければ、一緒に過ごすこともない。

物理的に「孤立」すれば、「あなたは大切な人」というメッセージを受け止める機会は激減します。

社会的動物である人間にとって、孤独が及ぼす影響は私たちが想像する以上です。
それを定量的に捉えたのが、米ノースカロライナ大学チャペルヒル校社会学科研究グループが行った研究です。
研究グループは、2万人近い大規模な異なる年齢層（若年、壮年、中年、老年）の縦断データを用い、「社会的つながり」と「心臓病や脳卒中、癌のリスク」の因果関係を分析し、
Your relationships are just as important to your health as diet and exercise
という結論に至りました。
要するに、心も身体も健康でいたければ、〝つながり〟を大切にすることが肝心なのです（※分析に用いたサンプルは、Add Health（7889人）、MIDUS（863人）、HRS（4323人）、NSHAP（1571人）の4つで、それぞれ2時点の縦断データ。健康度の測定項目は、「血圧、ボディマス指数（BMI）、ウエスト周囲径、炎症の測定指標となる特定のタンパク質（CRP）」で、これらはいずれも心臓病や脳卒中、癌の発症に高い関連性をもつ）。

社会からの孤立がもたらす健康リスク

この調査では、「社会的つながり」を、「広さ（社会的統合）」と「質（社会的サポート）」に分けて分析。

「広さ」とは、結婚の有無や、家族、親戚、友人との関わり合い、地域活動、ボランティア活動、教会への参加など。

「質」とは、「互いに支え合う関係にあるか」「互いのことをわかり合えているか」「自分の本心を出せるか」といった心の距離感の近さのこと。

これらを得点化し、健康度を示す変数との因果関係を分析したのです。その結果、人間関係の「広さ」は、若年期（10代から20代）と老年期（60代後半以上）の人たちの健康に、人間関係の「質」は、壮年期（30代から40代前半）から中年期（40代後半から60代前半）の人たちの健康に、高い影響を及ぼすことがわかった。

具体的には、

●若年期の社会からの孤立は、運動をしないのと同じくらいＣＲＰによる炎症リスクを上

昇させる

●老年期の社会からの孤立は、高血圧のリスクに大きく関連し、糖尿病患者と高血圧の関連をさらに上回る

●中年期の社会的なサポートは、腹部肥満とＢＭＩを低下させる

●中年期の社会的なサポートがない人は、ＣＲＰによる炎症リスクが高い

など、軒並み健康状態に悪影響を及ぼすことがわかりました。

まさしく「社会的動物である人間にとって、孤独が及ぼす影響は〝皮膚の下〟に入る（get under the skin)」ことが確かめられてしまったのです。

赤ちゃんが笑うのはなぜか

「人間は生まれつき人を信じやすく、信頼は遺伝子にも幼少期の学習にも組み込まれており、信頼は人類が生存するメカニズムだ」――。これは、スタンフォード大学経営大学院の社会心理学者ロデリック・Ｍ・クラマー教授の主張です。赤ちゃんには生まれてから数時間で母親を見つめたり、表情を真似るようになるなど、身近な人と関わりを持とうとする本能

があります。

クラマー教授は、こういった行動は「相手を信頼するという感情なくして成立しない」と指摘。未熟な肉体で生まれてくる人間は、誰かの世話なくして生きていくことはできないので、相手を信頼し人間関係を築くための回路が、先天的に組み込まれているというのです。

確かに赤ちゃんがにっこり笑うと、誰もが思わずうれしくなって、赤ちゃんの頬や小さな手を触ったりと、なんらかのコミュニケーションをとりたくなりますよね。この赤ちゃんがにっこり笑う仕草は3カ月微笑と呼ばれ、赤ちゃんが最初に身に付ける「社会性」と考えられています。

私たちのカラダの奥底には、他者とつながらないと安心が得られないことが刻み込まれている。

依存の先に自立は存在し、信頼は共に過ごすことで育まれ、たったひとりでいいので、「アナタは私の大切な人」とメッセージを送ってくれる人が必要なのです。

頼れる人がいる人は脳も衰えにくい

ハーバード・メディカル・スクールの研究者たちが「人生を幸せにするものは何か？」を調べるために、75年間行った追跡研究があります。１９３８年に始まった研究で、人々を10代の頃から老年まで追い、幸福と健康の持続に必要な要因を探索したのです。

対象者は２つのグループに分けられた７２４人の男性。１番目のグループは研究が始まったときハーバード大学の2年生で、第二次世界大戦中に大学を卒業。そのほとんどが戦争を経験しました。

研究結果が報告されたとき、元の７２４人のうちの約60人が健在していました。

そして、半世紀以上続けられた研究で明らかになったのは、

「人を幸福にし、健康にするのは、人間関係だった」

という、極めてシンプルな事実だったのです。

「家族や友人、会社や趣味の仲間たちとのつながり」を持っている人は健康で長生きし、「身近な人たちといい関係」にある人は生活の満足度が高い。そして、「いざというときに頼れ

る人がいる」人は、幸福感が高く、脳も元気で、記憶がいつまでも鮮明だったというのです。

幸せの基準は人それぞれです。でも、日常の中にこそ幸せは存在し、その中に大切な人がいてこそ幸せを感じることができる。

「境界線（boundaries）」の広さや、境界内に含める出来事を柔軟に変えることができる人ほど、ＳＯＣが高いという話は第２章でしましたが、境界内から「人とのかかわり」を排除してはいけないのです。「身近な人間関係、社会的活動、生存に関わる問題」という、人が生きていくうえで極めて重要な要因を含めることができない限り、ＳＯＣは高まりません。

人とのつながり、社会との関わり、生命の尊さ。それらを大切だと思う気持ちなくして、幸せを感じることはできないのです。

「あうんの呼吸」の功罪

ＳＯＣ研究者の中には、日本という国がもつ多様性の低さによる「安心感」が、「社会の信頼感」をもたらしていると解釈する意見もあります。

日本人同士だと、「あうんの呼吸」というか、絶対に「オレのことを〝刺し〟はしないよ」

みたいな安心感がある。そういう意味で、アメリカのような多民族国家に比べたら日本人のＳＯＣはとても高い。

だからこそ、震災のような危機があったときに、一致団結して立ち向かえた、という意見です。

でも、私は全く逆の意見です。

その多様性の低さ、同種同質であるがゆえに可能になった「あうんの呼吸」が、逆に「安心感」や「社会の信頼」を低下させていると思えてなりません。

確かに東日本大震災のあとは、日本中の人たちが東北に思いを寄せ、「きずな」が合い言葉になりました。

でも、あれって、本当のきずなだったのでしょうか？

アメリカ人のコミュニケーションはなぜマメなのか

私は子どものときアラバマ州のハンツビルという町で過ごしたのですが、その町の日本人はウチの家族だけで、完全なる「異物」でした。

最初にいちばん戸惑ったのは、アメリカ人が滅多やたらに何でも聞いてくるってことでした。英語を全く話せない私に、アメリカ人は身振り、手振りを交え、アレコレ聞いてきました。

例えば、子どもたちはバケーションになると教会やＹＭＣＡが主催するキャンプに行くのですが、夜になると宗教の時間のようなものがあります。すると決まって「カオルはブディストか？」「日本にクリスチャンはいるか？」「日本人は教会に行くのか？」と質問攻めにされるのです。

イヤでイヤでたまりませんでした。だって、子どもながらに「宗教のことを話すのはタブー」だと感じていたからです。

でも、彼らは何度でも何度でも聞いてきます。宗教の話だけではありません。食事も、チキンでいいのか、ビーフでいいのか。コーヒーか、紅茶か。お肉の焼き方はウェルダンやミディアムか。とにもかくにも聞きまくる。

それは「初めて見る黒髪の少女」への好奇心からだけではありません。

彼らのコミュニケーションには、「みんな違う」という前提があります。

「みんな違う」からこそ、マメなコミュニケーションをとる。多様性の国であるがゆえに、自分の口と耳を使って「つながる」努力をする。日本人とは、明らかにコミュニケーションのとり方が異なる。彼らは相手を見相手を知り、自分を知ってもらうことで信頼感を築いているのです。

実はこの話を、筑波大学教授で産業精神科医の松崎一葉先生にしたときに、おもしろい話を教えてくれました。

朝の挨拶は大きな声でするべき理由

松崎先生がアメリカの大学の研究室に入って2～3週間くらいたったときのこと。先生のボスのところに「今度お前のところに入ったあの日本人は、感じ悪いな。全然、挨拶しない。アイツ、おかしいんじゃないか」と言ってきた人がいたというのです。

しかしながら、松崎先生はちゃんと挨拶していたので「挨拶はしていますよ」と答えた。するとボスから、「キミのやり方ではダメだ。"Good morning"と大きな声で言う。もしくは大げさなリアクションを交えながら挨拶しないと、相手はコミュニケートしているとは思わない」とたしなめられたそうです。

それからというもの、松崎先生は通販のＣＭのように必ず自分から〝Good morning!!〟と大きな声で挨拶するようにしました。

「不思議なんですけど、たったそれだけで『相手に背中を見せていいんだ』と思えるようになった。相手との距離感が縮まって、刺されないという確信がもてた。信頼関係というのは、案外小さなことから生まれていくのかもしれません」

松崎先生はこう言っていました。

安心感とか信頼感というのは、極めて抽象的かつ概念的な表現で何をどうすればいいのか迷うことがあります。結局のところ「相手に背中を見せても刺されることがない」と安心できること。つながるというのは、ある意味「スキル」だと割り切ることも大切です。話しかける、聞きまくる、挨拶する。その積み重ねが信頼関係構築の糸口になる。

松崎先生の〝挨拶事件〟のようにです。

当たり前を当たり前にする家庭はSOCが高い

「当たり前のことを当たり前にやるルールのある家庭の子どもや両親はSOCが高い」ことがわかっています。

例えば、

- 食事の時間がだいたい決まっている
- 家を出るときは必ず「行ってきます」と言い、家族が「行ってらっしゃい」と言う
- 家に帰ったときには必ず「ただいま」と言い、家族が「お帰り」と言う
- 余暇はリビングなどで、家族でテレビを見たり世間話をしたりする

etc. etc……

ルーティンは、2人以上のメンバーを巻き込んだ観察可能な、日々の反復性のある行動と定義される「日常の当たり前」です。そもそも人間は生物学的に、周期性、規則性のある行動を好む傾向を持っているので、ルーティンは、人間の生きる力の大きな基盤となります。一緒にルーティンを共有することで、同じグループのメンバーだという安心感が芽生え、「自

分はこのグループの一員だ」という帰属意識が芽生える。

ルーティンが、互いの心の距離感を縮め、互いの信頼感を高めていくのです。

ジジイにならずして環境を変える

母と子の間の強い愛の絆、地域や共同体の結びつきの強さ、〝助け合いの精神〟――。SOCを高める土壌は、今の日本では揺らぎつつあります。

念のため断っておきますが、「昭和がよかった。昔に戻れ」と言っているわけではありません。「母と子の絆」「地域の結びつき」「我慢することを美徳とする文化」は、今の日本では崩れかけている。こう言いたいのです。

それでも、私は「希望」を失っていません。

たとえ企業が「心理的契約」をないがしろにし、いとも簡単に「人」を「コスト」とし、契約の不履行を平然と行うことがあっても、「やる気SOC」さえあれば必ずや乗り越えられる。

そう信じています。

時代はゲス不倫です。どんなに裏切られないと信じていても、会社はしれっと裏切るご時世です。

〝ゲス〟状況を乗り切るには、昭和ノスタルジーから脱し、〝離婚〟しても自活できるだけの力をつけておかなくてはなりません。すでに「自分だけは大丈夫」という時代ではないのです。

実は私は「本物のＳＯＣ」と「フェイクＳＯＣ」の狭間にいる、ニッポンのオッサン（オバさんも）たちに期待しているのです。

終章

オジさんオバさんが輝く社会のために

フェイクSOCからやる気SOCへ

2017年3月。昭和のオッサンたちの常備品だった「ひとつぶのんだら　スーッとネジン　ジン　ジンタン　ジンタカタッタッタタ〜」の仁丹を製造する森下仁丹が、〝第四新卒〟の採用をスタートさせました。

〝第四新卒〟とは、オッサン、オバハンのこと。森下仁丹の定義によれば、「社会人としての経験を十分積んだあとも仕事に対する情熱を失わず、次のキャリアにチャレンジしようとする人」で、求められる資質は「やる気」のみ！

といっても、「あの人、やる気はあるんだけどなぁ〜」と周りから眉をひそめられるやる気ではダメ。まさしく「やる気SOC」が、求められていたのです。

仁丹社長がオッサン、オバハンを募集した理由

実は森下仁丹の駒村純一社長も、やる気SOCの持ち主です。

駒村さんは元商社マン。イタリアに駐在したときには現地の出資先の社長も経験するなど、まさに順風満帆のキャリアを歩んできました。

ところが、「このままではつまらない人生になってしまう」と感じ、一念発起。

52歳で商社を退社。「まだまだ自分は一線で働きたい」という思いだけで辞めたそうです。転職先も決まっていないのに一歩踏み出したのは、駒村さんが「人格的成長」というリソースを持っていたからです。

無職となり5カ月が過ぎようとしたとき、「経営状況が悪化している大阪の老舗企業が、経営の立て直しの人材を探している」と知り合いからオファーが届いた。それが森下仁丹でした。

「私には、そうした企業を黒字転換させてきた経験がある。自分のキャリアが生かせるかもしれない」

そう考えた駒村氏は、執行役員として入社。

しかし、現実は甘くありませんでした。待ち受けていたのは「豪雨」。暴風が吹き荒れました。

中に入って知った会社の現状は想像以上に悲惨で、売り上げはピーク時のわずか10分の1。経営の立て直しを進めようとしても、「外からきたヤツが何を言ってやがる」と反感をもつ人が多く、周りは敵ばかりです。

そこで氏は、「社内に蔓延する『つぶれるわけがない』という空気を変えるには、新しい風を入れるしかない」と、外部の人材を積極的に起用し、管理職に抜擢。当然ながら、生え抜きの社員は猛反発。それでも氏はやり方を変えませんでした。

「新しい人がきて結果を出していけば、それが刺激になる。会社が本気で変わろうとしているという危機感をもってもらうためには、行動で示すしかなかった。改革には痛みが伴う。その痛みを避けていては、前に進むことはできない」（駒村社長談、ＨＰより）

自分を信じ、中途採用を広げ、部長職の平均年齢も40代と大きく若返り、２００６年には社長に就任。本社の工場敷地も売却し、財務状況を健全化させ、次のチャレンジをするための下地を整えました。

その結果、生まれたのが現在の経営の柱となっている、独自のシームレスカプセル技術です。10年間で売り上げを倍にし、今に至ったのです。

「このままではつまらない人生になる」というスイッチ

「このままではつまらない人生になってしまう」という感覚は、まさしく「人格的成長」です。駒村氏は、「商社マン」、「社長」という属性を捨て、まる裸の自分に賭けました。「会社は絶対に再生できる」と自分に内在する力を信じ、行動したのです。

おそらく駒村氏が語っていない、「苦悩」や「情けない自分」との葛藤もあったはずです。すべてのサクセスストーリーは「後付け」で、そこには決して語られない、あるいは本人でさえも忘れてしまった「カッコ悪い自分」が例外なく存在します。

それでも彼は踏ん張り通した。それが出来たのは、社外からきた駒村さんを信じ、駒村さんの可能性に賭けた人がいたからではないでしょうか。

周りが「敵」ばかりでも、数少ない応援団がいれば踏ん張れる。彼らがいたからこそ、駒村さんも自分に課せられた仕事の質を必死で上げるべく努力できたのだと、私は確信しています。

結局のところ、目の前の仕事の「質」を高めるために励む以外、前に進むことはできません。

「自分の成果物」の価値を上げるべく邁進する。

「自分にできること＝学び」に励む。

自分をどうこうするのではなく、目の前の仕事を「少しでもいい仕事」にすべく努力する。……その結果、「人格的成長」が強化されていくのです。

すべての人間に「人格的成長」の機能は常備されていますが、これだけはアナタ次第です。「人格的成長」のスイッチは、ア・ナ・タにしか押すことはできません。

そこで大切にして欲しいのが「動く」こと。

●これからも私はいろいろな面で成長し続けたい。

●新しいことに挑戦してみたい。

●新たな自分を発見したい。

こういった気持ちになったら、動く。とにかく動く。アレコレ考えずにとにかく動く。動きさえすればスイッチは完全にオンされ、生きるエナジーがドンドンと充電されます。いったん動き出したら、あとは邁進するのみ。

たとえ危機に遭遇しても、脅威ではなく「自分に対する挑戦だ」と思えるので大丈夫です。

「人格的成長」と「チャレンジ精神」を同一に扱う専門家もいますが、実際には異なります。うどんときしめんといった感じでしょうか。チャレンジ精神が「自分の行動する力」に価値を見出していることに対し、人格的成長は「自分の内在する力」に価値を見出すもの。

つまり、内的なエナジーが、人格的成長なのです。

「もう年だし」
「50歳過ぎてからの転職は厳しいし」
「子どもの学費もあるし」
「家族の生活もあるし」
「親も年だし」

……年齢を重ねてくるとついエクスキューズをつけ自分の可能性を封じ込めたり、「知らないこと」を恥ずかしいと思うあまり、「学びたい」気持ちを忘れがちです。

それでも自分の可能性を信じ、「学びたい」という真摯な気持ちさえあれば、進化できる。

自分で限界さえ設けなければ、可能性はどんどん広がっていくのです。

今の70代は10年前の60代の身体能力？

東京都老人総合研究所が1992年と2002年に、約4000人を対象にふだんの歩行スピードを調べ、比較した結果があります（「日本人高齢者における身体機能の縦断的・横断的変化に関する研究――高齢者は若返っているか？――」）。

「歩行スピード」は年齢とともに低下するため、身体機能のレベルの総合的な測定に多く用いられるのですが、次ページのとおり1992年から劇的に伸びていることがわかる。92年の65～69歳の歩行スピードは、2002年の75～79歳とほぼ同じです。

それだけではありません。

なんと「日常問題を解決する能力や言語（語彙）能力は、年齢とともに磨かれ、向上している」ということが、いくつもの調査で確かめられているのです。

人間の知能は「新しいことを学んだり、新しい環境へ適応したり、情報処理を効率的に行ったりするための問題解決能力」である流動性知能と、「学校で学んだことや日常生活や仕事などを通じて積まれた知識や経験を生かした応用する能力」である結晶性知能の2つの

高齢者は10年で10歳若返っている?

通常歩行速度の比較（年代ごとの歩行速度）

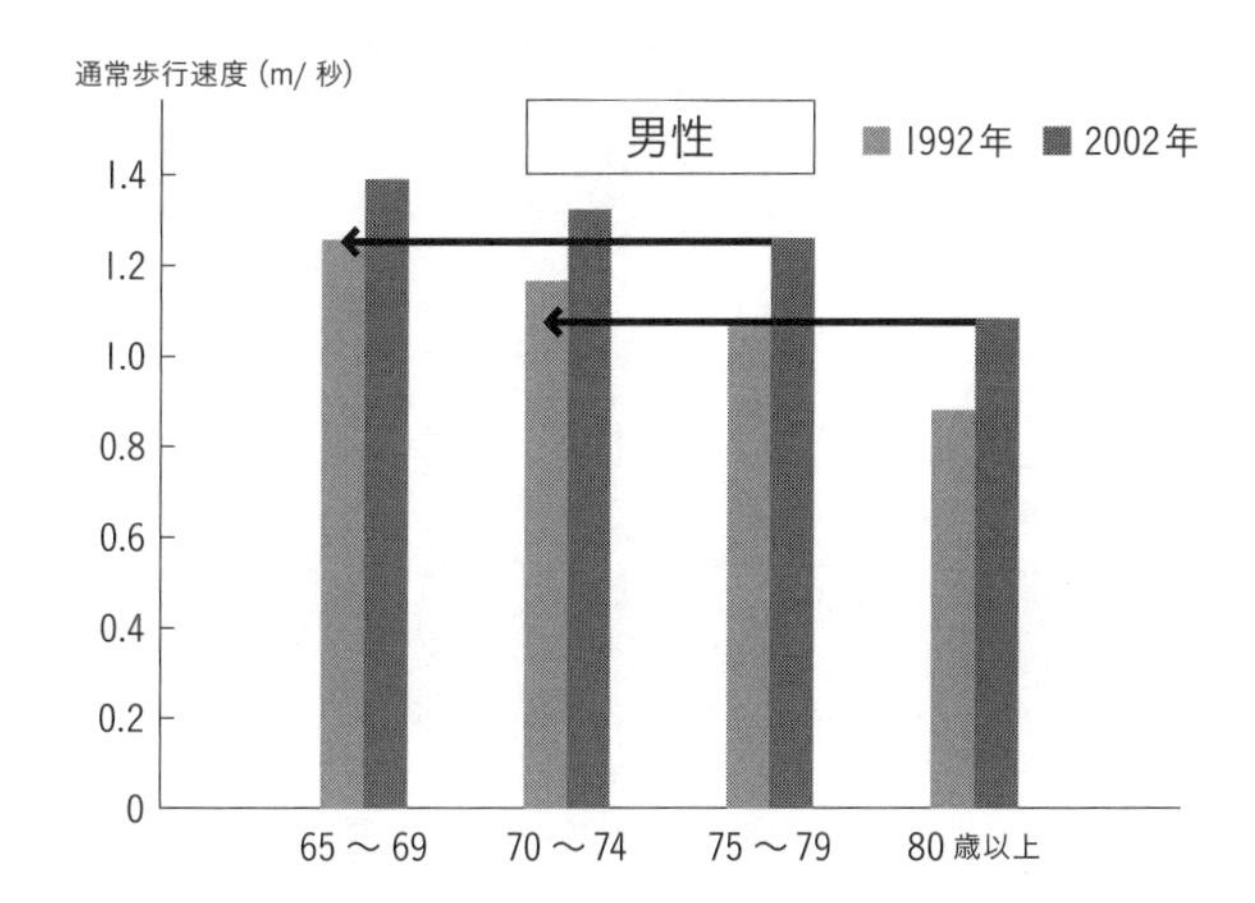

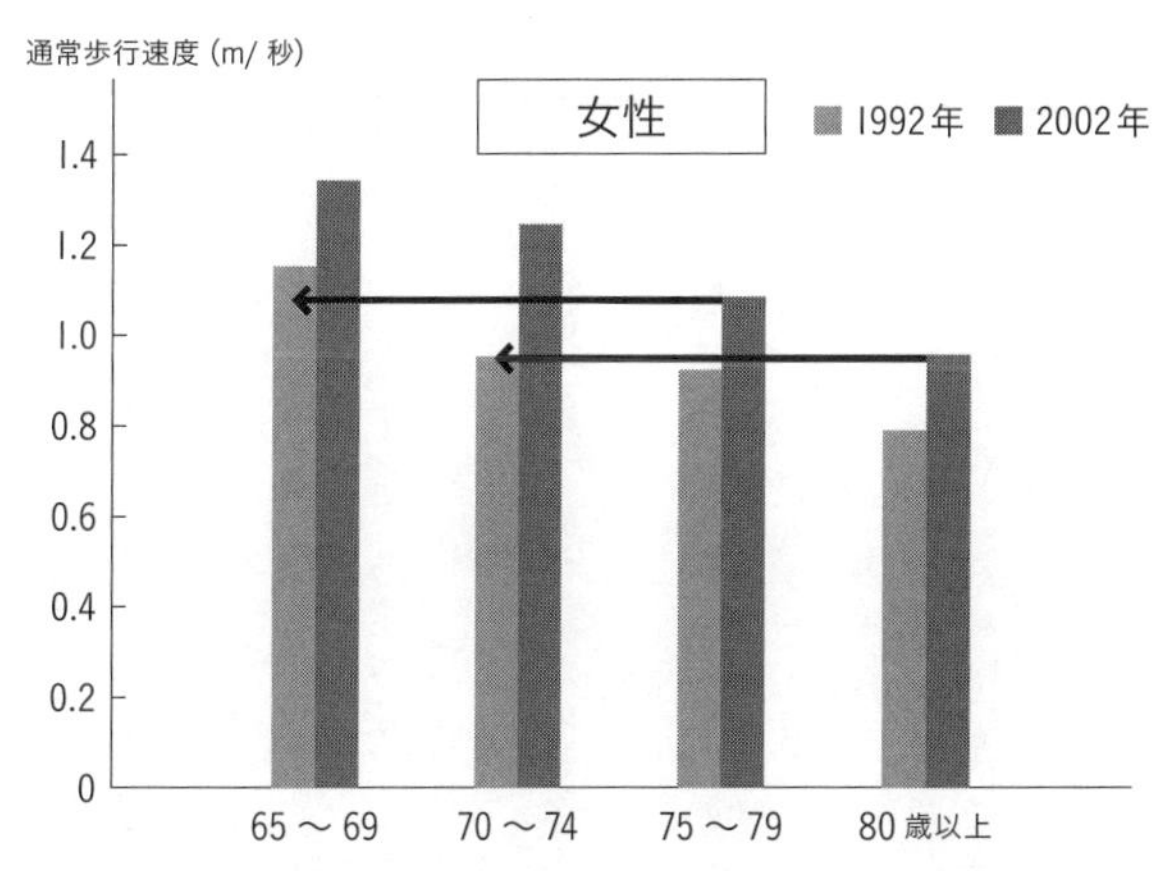

出所：鈴木隆雄他「日本人高齢者における身体機能の縦断的・横断的変化に関する研究」（第53巻第4号『厚生の指標』2006年4月、P1～10）

側面に分けられます。

流動性知能とはいわば「記憶力や暗記力、集中力」で、結晶性知能とは「経験知や判断力」です。

かねてから「身体能力のピークは20代であるのに対し、知力は発達し続ける」とされていたのですが、近年、経年データを使った分析（縦断研究）で、「どちらの能力も、60代前半までは大きく低下しない」ことがわかりました。

流動性知能のうち、記憶力や暗記力は40代後半から急速に低下するのですが、語彙力は、若干低下するだけ。

結晶性知能にいたっては、60～70歳前後まで緩やかに上昇し、74歳以降緩やかに低下するものの、80歳ぐらいまでは20代頃と同程度の能力が維持されることがわかりました。


つまり、「人格的成長」さえあれば、まだまだ行ける。あとは「やる気ＳＯＣ」のみ！

それさえあればジジイの壁にはりつく粘土層になることも、権力を振りかざすジジイになる心配もなくなるのです。

オッサンが輝く社会こそ希望がある

　これまで600名超の方たちをインタビューしてきましたが、いかなる状況になっても腐ることなく、自分を信じ、前に踏み出した〝オッサン〟たちがいました。

●「まだ終わりたくない」と一念発起し転職を試みたものの、直後にリーマンショックが勃発。職安通いを強いられた元一流企業の部長、53歳。

●50代には仕事がないことに気付き、給与半減覚悟で小企業に転職したマンネン課長52歳。

●「発展途上国で自分の技術を生かしたい」と英語学校に通い、青年海外協力隊に応募したメーカー勤務の男性、49歳。

●「もっと会社の役に立ちたい」と、誰も行きたがらない離島勤務を志願した部長さん、53歳。

　なかには私のインタビューに答えるうちに、「自分にももっとできることがあるのではないか」と前に踏み出した人たちもいました。

　彼らはいずれも、誰もが知っている大企業に勤め、そこそこ出世している人たちだった。

でも、彼らはその属性に安住するのではなく、まる裸の「自分」に勝負を賭けた人たちだった。

〝オッサン〟たちは、みんなイイ顔をしていていました。

森下仁丹のＨＰに掲載された「第四新卒採用『オッサンたちへ』篇」と題された動画には、オッサンたちのコメントとともに、「希望」が描かれていました。

――「オッサンたちへ」

「あの頃は、仕事が全てだったんです。」

「ずっといた場所から出てみたい、そう思ったんです。」

「まだ、できると思うんです。」

「案外、オッサン達がこの国の希望かもしれない。」

「オッサンも変わる。ニッポンも変わる。」――

「案外、オッサンたちがこの国の希望かもしれない。」――。

いいコピーです。

「女性を輝かせる」前に「オッサンを輝かせろ！」と、私はこれまで幾度となく訴えていたので、やっとこういった会社が出てきたことを、率直にうれしいと思いました。

それ以上にうれしかったのが、１８００人ものオッサンが「第四新卒にエントリーしたことです。

「社員数３００人規模の会社なので採用は数人ほど」と考えていたにも関わらず、１８００人ものオッサンが「やる気あります！」と手を挙げた。

「やる気ＳＯＣ」に満ちたオッサンは、たくさんいます。

オッサン、がんばれ！　オバさん、がんばれ！　はい、オバさんの私もがんばります！

参考文献

田中辰雄・山口真一著『ネット炎上の研究』（勁草書房）
下仲順子著『老人と人格』（川島書店）
小此木啓吾著『モラトリアム人間を考える』（中公文庫）
V・E・フランク著『夜と霧』（みすず書房）
スタッズ・ターケル著『ＷＯＲＫＩＮＧ！ 仕事』（晶文社）
遠藤辰雄、蘭千壽、井上祥治著『セルフ・エスティームの心理学』（ナカニシヤ出版）
ロザベス・モス カンター著『企業のなかの男と女』（生産性出版）
司馬遼太郎著『二十一世紀に生きる君たちへ』（世界文化社）
山崎喜比古、坂野純子、戸ヶ里泰典編『ストレス対処能力ＳＯＣ』（有信堂高文社）
ジェイムズ・アベグレン著『日本の経営』（日本経済新聞社）
河合薫著『私が絶望しない理由』（プレジデント社）
ブロニー・ウエア著『死ぬ瞬間の5つの後悔』（新潮社）
ロバード・B・チャルディーニ著『影響力の武器』（誠信書房）
寺本広作著「ある官僚の生涯」（制作センター・非売品）
'Is more always better? : A Survey on Positional Concerns, Journal of Economic Behavior and Organization
'Unravelling the Mystery of Health : How People Manage Stress and Stay Wel"
'Health, Stress, and Coping : New Perspective on Mental and Physical Well-being'

河合 薫　かわい・かおる

東京大学大学院医学系研究科博士課程修了。千葉大学教育学部を卒業後、全日本空輸に入社。気象予報士としてテレビ朝日系「ニュースステーション」などに出演。その後、東京大学大学院医学系研究科に進学し、現在に至る。「人の働き方は環境がつくる」をテーマに学術研究に関わるとともに、講演や執筆活動を行っている。フィールドワークとして600人超のビジネスマンをインタビュー。著書に『考える力を鍛える「穴あけ」勉強法』『寝る前10分　人生を変えるココロノート』『上司と部下の「最終決戦」』等。メルマガ「デキる男は尻がイイ!――河合薫の社会の窓」展開中。

日経プレミアシリーズ｜348

他人をバカにしたがる男たち

二〇一七年八月　八　日　一刷
二〇一八年六月二十七日　六刷

著者　河合 薫
発行者　金子 豊
発行所　日本経済新聞出版社
https://www.nikkeibook.com/
東京都千代田区大手町一―三―七　〒一〇〇―八〇六六
電話（〇三）三二七〇―〇二五一（代）

装幀　ベターデイズ
組版　マーリンクレイン
印刷・製本　凸版印刷株式会社

ISBN 978-4-532-26348-5　Printed in Japan

日経プレミアシリーズ 337

あの会社はこうして潰れた

帝国データバンク情報部　藤森 徹

77億円を集めた人気ファンド、創業400年の老舗菓子店、名医が経営する病院――。あの企業はなぜ破綻したのか？　トップの判断ミス、無謀な投資、同族企業の事業承継失敗、不正、詐欺など、ウラで起きていたことをつぶさに見てきた信用調査マンが明かす。倒産の裏側にはドラマがある！

日経プレミアシリーズ 340

不動産格差

長嶋 修

アベノミクスや東京五輪の恩恵を受ける物件はほんの一握り。大半の不動産は下がり続け、全国の空き家比率は3割に向かう。あなたのマイホームや両親の家は大丈夫ですか？――。人口減、超高齢化時代における住宅・不動産の見極め方、つきあい方を教えます。

日経プレミアシリーズ 339

投資の鉄人

岡本和久・大江英樹・馬渕治好・竹川美奈子

長期で資産運用を続ける中では、さまざまな誘惑が登場します。それは「情報」「相場」「商品」、そして「自分」。これらに惑わされず、投資を成功に導くためにはどうすればよいのか。個人投資家に絶大な信頼を寄せられる資産運用のプロ4人が集い、4つのテーマから実践的にアドバイスします。